0到1000亿

顺丰的千亿生意论道

中国经济出版社
CHINA ECONOMIC PUBLISHING HOUSE

图书在版编目（CIP）数据

0 到 1000 亿：顺丰的千亿生意论道 / 赵继成著 . --
北京：中国经济出版社，2021.10
ISBN 978-7-5136-6662-6

Ⅰ . ① 0… Ⅱ . ①赵… Ⅲ . ①邮件投递 - 邮电企业 - 企业管理 - 经验 - 中国 Ⅳ . ① F632

中国版本图书馆 CIP 数据核字（2021）第 200323 号

策划编辑　杨　莹
责任编辑　王　建
责任印制　巢新强
封面设计　魏魏设计

出版发行　中国经济出版社
印 刷 者　北京力信诚印刷有限公司
经 销 者　各地新华书店
开　　本　710 mm × 1000 mm　1/16
印　　张　13.25
字　　数　127 千字
版　　次　2021 年 10 月第 1 版
印　　次　2021 年 10 月第 1 次
定　　价　69.00 元
广告经营许可证　京西工商广字第 8179 号

中国经济出版社　**网址** www.economyph.com　**社址**　北京市东城区安定门外大街 58 号　**邮编** 100011
本版图书如存在印装质量问题，请与本社销售中心联系调换（联系电话：010-57512564）

序言

深圳，宝安国际机场，宽阔的停机坪上，标着“SF”字样的全货机一字排开，工作人员小心翼翼地卸载刚刚运抵的打包完好的货物。

不远处，就是有数个足球场大的包裹分拣中心。交错穿行的传送带上，是一个个等待分拣的快递包裹。无须人工分辨，通过全方位扫描技术，包裹自动从传送带滑落进入打包区，每个位置对应一个省份。

在香港，离海港码头不远的顺丰仓库里，一位体态微胖的香港大叔带我逐个探访顺丰的冷藏库。每个冷库的用途不同，温度也就不一样，有些是用来保鲜的，有些是用来保温的，还有一些是用来冷藏的。不过短短几分钟，就如同穿越了四季。

在冷库的外面，是一字排开的货车，有些是负责把货物运来仓库的，还有一些是要把货物运走的，这看似平常的来来往往，却关乎许多香港市民的一日三餐。

在武汉，新冠肺炎疫情让近一千万人过起了隔离式生活，店铺歇业，交通暂停，运送医疗物资和生活用品变得困难重重。有两位顺丰小哥，“逆行”武汉，支援物资运输，每天在车上休息两三个小时，连续吃了7天方便面。还有一位顺丰小哥，为了缓解疫情期间人手紧张的局面，在公共交通停运的情况下，徒步180千米，晓行夜宿，用了3天时间，赶回南京的工作岗位。

在今天的中国，从南到北，从东到西，都能见到顺丰的影子。将这个中国最大的民营快递物流综合企业，称为“国民级企业”并不为过。

而这家企业，从1993年穷小子王卫怀揣着从父亲那里借来的10万元启动资金，在广东顺德街头创办至今，也不过20多年的时间。

按照2020年顺丰财务报告，顺丰控股2020年实现营业收入1539.87亿元，同比增长37.25%；归母净利润73.26亿元，同比增长26.39%。

顺丰总营收过千亿元，资产规模接近千亿元，王卫个人的财富也超千亿元。

一个一文不名的穷小子，曾经饱受别人的歧视和世态炎凉，干了一件又苦又累又脏的工作，很多人根本瞧不起这种工作，也不愿干，他却用了20多年的时间，从零做到千亿，很难说这不是一个励志的“中国梦”实例。

王卫和他的顺丰，究竟做对了什么？又能给千千万万追求自己梦想的普通人带来哪些启示？我觉得可以总结为“三大红利”和“三大能力”。其中，“三大红利”来自外部环境和大趋势，“三大能力”源自个人禀赋和个人奋斗。总而言之，顺“势”而为，“自”强不息，方能成就大事。

“三大红利”

第一大红利是经济增长红利。没有改革开放，没有中国经济的迅速崛起，就不可能有顺丰这样的“国民级”民营企业的出现。

1978年，中国GDP总量为3679亿元人民币，人均GDP为381元；2019年，中国GDP总量接近100万亿元人民币，按平均汇率折算，人均GDP突破1万美元。中国快递业务总量，从改革开放之初几乎为0，到1988年的153万件，再到2019年的630亿件，2020年已超过800亿件，达833.6亿件。中国快递业务总量连续多年稳居世界第一，成为世界邮政业发展的动力源和稳定器。

第二大红利是政策红利。很长一段时间，民营快递行业游走在政策的灰色地带，伴随着国家政策的调整，民营快递行业迎来了爆发式发展。

2009年4月24日，《中华人民共和国邮政法》修订通过，同年10月1日正式实施。这次法律修订，体现了以市场经济为主导的思路，肯定了民营快递企业的合法地位，结束了长期以来民营快递经常被查扣、与邮政部门打游击的“黑快递”身份，极大激发和促进了中国快递行业的爆发式发展。

第三大红利是人口红利。2019年，我国快递员数量已经突破320万人，位居世界第一。很难想象，如果不是在中国，没有如此海量人口红利的支撑，快递行业怎么可能在如此短时间实现迅速崛起。

中国快递行业虽然正由人力密集型向技术密集型升级，从靠流血流汗赚钱向靠科技和智慧赚钱转型，但人口红利依然是其核心支撑。每年数百亿件的快递包裹，仍然是靠快递小哥一单一单跑出来的。

“三大能力”

第一大能力是战略能力。20世纪90年代民营快递企业发展初期，是野蛮生长、恶性竞争的阶段，大家竞相通过低价获客，抢占市场。但王卫带领顺丰逐渐摆脱了单纯依靠低价竞争的模式，走向了通过品牌、品质、口碑实现高溢价的差异化竞争之路。

在运营模式方面，顺丰率先变加盟为直营，顶住重重压力，改变既有的利益结构；上市后，顺丰坚定走从快递企业向综合物流服务企业转型升级之路，与美国联合包裹运送服务公司（UPS）、德国邮政敦豪集团（DHL）等国际巨头联手，斥资布局物流基础设施，为未来的竞争打下了坚实的基础。

第二大能力是管理能力。要管理几十万名快递小哥，绝不是一件容易的事。王卫高中毕业就下海创业了，一路打拼，指引他的不是高深的管理学理论，而是很朴素的对人性的理解、激励机制和奖罚分明的管理制度。

“人性需要什么，你就给员工什么。员工需要公平，你给他公平；他需要多劳多得，你要帮他算得清清楚楚。”同时，“也要有一股狠劲儿，一旦发现员工有偷窃行为，要有非常严格的惩罚机制”。

第三大能力是创新能力。顺丰是民营快递企业中最早引进巴枪[①]的。2003年，顺丰以每件7000元人民币的高价从韩国引进了一批巴枪，率先将顺丰小哥武装起来；顺丰的每件快递都拥有一个专属条形码，可以全程查询物品所处位置；顺丰还高价购置了自动分拣系统，实现了全天候24小时无差别自动分拣。2020年，顺丰在科技方面的投入近43亿元，同比增长16%，约占营业收入总额的3%。

当然，顺丰绝非无所不能。在20多年的发展历程中，顺丰也犯过许多错，交过不少学费。顺丰自己做电商，始终未见起色，向产业链上游的延伸，一直在摸索中；在人员管理方面，尤其是在年青一代员工的激励方面，也面临巨大的挑战。

顺丰未来面临的10个挑战

一是与同行的“寡头竞争”挑战；二是成本压力挑战，尤其是直营制带来的高成本压力；三是电商件物流业务的挑战，顺丰在电商包裹量方面并不占优势；四是自建电商、向产业链上游延伸的挑战；五是多元化新业务重金投入的挑战；六是科技创新的挑战；七是信息安全的挑战；八是管理能力和人才储备的挑战；九是法律风险的挑战；十是海外竞争的不确定性挑战。

上述每一个挑战都生死攸关，需要谨慎应对。不过，这也许恰是酷爱自行车极限运动的王卫所喜爱和享受的状态。10多年前就已经实现财富自由，本可以享受喝茶打牌悠闲生活的他，选择再度出山，执掌千亿商业帝国，必定是有超出财富本身的价值和乐趣极大地吸引着他。

---

① 物流快递业使用的手持终端设备。

经济学家熊彼特认为，企业家就是往水池里丢石子的人，激起了一层层创新的涟漪。管理学家德鲁克认为，创新是企业家的标志。在王卫的身上，能看到隐忍、低调的性格，同时又动若脱兔，一旦看准，出手敏捷，行动迅速，毫不犹豫。

王卫和顺丰的故事未来会如何演绎？

目录

第1章　选择

俯下身，干又苦又累的活

——顺丰的业务选择

“水货佬”也有春天

1993年，广东顺德。

那一年，是邓小平南方谈话后的第二年。从北京、上海、武汉，到广州、深圳，中国进入了1978年改革开放后的第二次加速阶段。

那一年的春晚，第一次实现了中国香港、中国台湾和新加坡的电视节目与中央电视台的节目互传，营造出几地华人共度新春的欢乐祥和气氛。

我国经济以前所未有的开放姿态迎来了一次大发展。新加坡、泰国、马来西亚等东南亚国家经济与我国逐渐融合。

风从南方来。影响最深、受益最早的广东成为我国改革开放的窗口。地处广东省南部，珠江三角洲平原中部，与香港、澳门、深圳临近的顺德，自古经济发达，商业繁荣，旅外华侨和港澳同胞超过40万人。

那一年，顺德的街头出现了一个名叫王卫的毫不起眼的年轻人。

当时23岁的王卫，一定不知道创办了联邦快递，被称为“隔夜快递之王”的美国人弗雷德·史密斯是谁，虽然10年后他已将联邦快递看作自己追赶的目标。

王卫，1970年出生于上海。父亲是一名空军俄语翻译，母亲是江西一所大学的老师，这是一个地地道道的知识分子家庭。1978年，王卫8岁。那一年，是中国改革开放元年。至今已有40多年历史，彻底改变中国面貌的改革开放，就是在那一年拉开帷幕的。

今天看来，那是一个崭新时代的开启之际。但对当时绝大多数中国人来说，刚刚经历过10年动荡，摆在人们面前的仍然是充满不确定性的未来。卡尔·贝克（德国诗人）说，人人都是他自己的历史学家。不过，身处历史旋涡中的人却往往是迷茫的。

那一年，王卫跟随家人移居香港。

彼时的香港，正处在经济迅猛发展的前期。内地的封闭反向造就了香港的蓬勃发展。很多内地人将“到香港去”作为追逐新生活的开始。不过，王卫一家到了香港后，却发现那里并不是想象中“流淌着奶和蜜的地方”。王卫父母在内地的学历，不被香港承认，导致一家人收入微薄，还受到歧视。年幼的王卫，体会到了底层生活的艰辛，这也为他后来低调、坚韧、关爱基层员工埋下了伏笔。王卫读完高中，就不再读书了，成为他叔叔手下一名不起眼的小工。

斗转星移，世事变迁，彼时内地也在发生变化。尤其邓小平南方谈话后的中国，开始迎接来自我国香港和台湾的出口制造业。香港8万多家制造工厂迁移到有广袤的土地和大量劳动力的内地，其中53000多家在广东的珠三角地区。曾担任顺德县委书记欧广源说："几乎每天都有企业开张，天天都是鞭炮声不断。"

大量工厂迁往内地催生了"前店后厂"模式，香港与珠三角之间的快件往来频繁。因为分属不同的关税区，寄件往往要花上两三天的时间。"比如，工厂里缺一个什么急件，今天说，明天要，但要去报关，得一个星期，谁能等得起？"一位与王卫同期创业，但后来专攻保税物流业务的深圳公司老板说。

当时，王卫在顺德开印染工厂，常常需要把样品寄到香港给客户看，按照当时传统的邮寄方式，非常不便且耗时长。后来，他们想到一个办法——在码头边求人帮忙捎样品到香港。当时很多香港人在广东设厂，都有这方面的需求。王卫自己有时候也受人之托在广东和香港之间捎带物品。这样过了一段时间，王卫忽然意识到，既然市场需求这么大，能否成立一家专门做运送业务的公司呢?

1993年年初，王卫用从父亲那里借来的10万元作为启动资金，在顺德注册了顺丰速运，一家只有6个人的公司。

初创企业融资时，常常想到找天使投资人。谁是天使投资人？美国人流行的说法是3F，即家人、朋友和傻瓜(Family、Friend、Fool)。美国某媒体调研的数据显示，美国初创企业每年获得的天使投资中，92%来自家人和朋友，来自外部商业天使投资人的比例只有8%。

王卫就是用从父亲手中借来的10万元起步的。王卫在香港砵兰街租了几十平方米的店面作为大本营，专替企业运送信件到珠三角。初期，王卫和伙伴们主要靠背包、拉杆箱送货，简陋，辛苦，被香港人称为“水货佬”。

不过，就是通过肩扛手提，背包拉箱，王卫千亿市值的顺丰速运正式起步了。

商界有句话叫“做卖水的生意”，说的是19世纪初，美国展开了一场向西部扩张的西进运动，在加利福尼亚发现金矿的消息被证实后，美国西部掀起了淘金潮。不过，没日没夜找金矿的投资者没有几个暴富的，可是卖牛仔裤和提供其他服务的生意却火了。

王卫的快递生意本质上也是“卖水的生意”。中国经济迅猛发展必然带来人、货、资金的大规模流动，王卫无意之间闯入了一个巴菲特所言的“赛道足够长，雪足够厚的坡道”。本质上，微软、谷歌、脸书、阿里巴巴、腾讯、百度、分众传媒，做的都是“卖水的生意”。

天时地利人和，“水货佬”即将迎来他的春天。

割价抢滩

王卫是出名的工作狂。顺丰优选前总裁刘淼曾公开表示：王卫是他见过的最有钱的工作狂，创业多年来一直保留着创业初期的工作习惯。20多年来，他每天工作14个小时再正常不过，还定期到一线收发快递。

早年间，在砵兰街的邻居也对他印象深刻，说他每天凌晨就开始工作，晚上才离开。“那时候这条街没什么人，他来了之后，一直有货车上上下下拉货，慢慢地这里开始出现别的物流公司，还有足浴店。他带旺了整条街。”顺丰火热发展的快递业务甚至带旺了冷清的钵兰街。在香港有记者曾这样描述：顺丰生意越做越大，货车及员工经常霸占整条街，惹来邻铺不满。直到顺丰搬走，该问题才得以解决。

王卫开始做快递的1993年，是一个非常巧合而又有历史意义的一年，可以称之为“中国民营快递元年”。也是那一年，今天被称为“通达系”的快递巨头申通也宣告成立了。在中国邮政体系长年垄断的格局下，我国民营快递公司开始破冰，露出了冰山一角。当历史的大幕开启时，常常连当事人自己也意识不到其重大意义。当时在珠三角地区，除了顺丰还有近百家快递公司在疯狂地争抢生意。起初各家公司都不具规模，属于“手工操作”。顺丰如何在初期的混乱野蛮竞争中杀出重围？

被称为“竞争战略之父”的美国学者迈克尔·波特在1980年出版的《竞争战略》一书中，为商界人士提供了3种卓有成效的竞争战略，它们是总成本领先战略、差异化战略和专一化战略。

在顺丰诞生初期，还不是今天人们印象中的高品质、高价格、服务于中高端客户的品牌形象和市场定位。王卫当时的做法是选择“低价竞争策略”，即“割价抢滩”。“别人70元一件货，顺丰收40元”，大幅的让利让顺丰很快吸引了大批中小商家。据顺丰早期团队成员回忆，虽然一件货只收几十元钱，但生意红火得出人意料，“每年赚个几百万不成问题”。

“割价抢滩”是中国众多民营企业在产业竞争初期通常采用的竞争手段，甚至一直沿用到今天，在电商、新零售等行业，仍然可以看到习惯性的低价竞争战略。比如，前些年苏宁与国美、苏宁与京东、滴滴与Uber（优步），团购行业的百团大战，拼多多与淘宝、京东的竞争，莫不如此。在行业竞争初期，靠低价获取用户，形成流量依赖，甚至靠低价打败对手，仍然是某些企业屡试不爽的手段。

“割价抢滩”保证了顺丰初期的成功。

王卫不是一个安于现状的人。随着快递市场需求的不断扩大，他在广东迅速“占领地盘”，大规模扩张和建设网点。以至于广东省几乎每个县城都有顺丰的站点。据知情人回忆，那个时候，带着顺丰标志的货车呼啸在广东的大小街道上，广东各地街头巷尾无人不识“顺丰”，车水马龙的通港公路上，70%的快件货运车都印着顺丰的标志。

当时，顺丰扩张的方式相当大胆和激进，每建一个站点，就注册一家新公司，分公司归当地加盟商所有，这让王卫在短短几年内，便将珠三角一带的快递市场牢牢掌握在自己手中。而这种疯狂的增长方式，让顺丰一度被业内称为“老鼠会”。

那时王卫的团队也很疯狂，一位最早加入顺丰团队的老业务员说：“那时候顺丰只有十几个人，大家围在王卫身边，同吃同住，每天唯一的任务就是跑市场。我们这些业务员都像疯了一样，每天早出晚归，骑着摩托车在大街小巷穿梭。”

王卫的疯狂让顺丰在香港和珠三角很快站稳脚跟。1997年香港回归时，王卫几乎垄断了所有的通港快件，顺丰的“快递王国”初现雏形。

硅谷著名投资人彼得·蒂尔说：最好的竞争就是没有竞争。但没有竞争是不可能的，所以只能通过各种办法实现某种程度的垄断。在快递行业，规模效应明显，呈现“马太效应”，即业务量越大，越能带来更多的业务和利润，更多的利润反过来能带来更好的服务，更好的服务会赢得更多的客户。

曾有媒体报道，1997年香港回归的时候，作为国企的中铁快运希望通过铁路打开香港的快件市场，派人去广东谈判，却被当地海关拒绝了。事后中铁快运了解到，几乎当地所有的通港业务都被一家民营企业垄断了，即便中铁快运开通这条线，也拿不到足够的订单，而这家民营企业就是顺丰速运。足见顺丰在当时的地位。

定位中高端

“竞争战略之父”迈克尔·波特将企业的竞争战略归类为3种，他认为企业可以根据市场状况灵活选择竞争战略。

在商业实践中，人们经常讲一句话，“人无我有，人有我优，人优我廉，人廉我转”。说的是在不同时期，企业需灵活选择自己的竞争战略。20世纪90年代初期，在顺丰和一批民营快递公司刚刚诞生之际，“军阀混战”，野蛮生长，顺丰选择“割价抢滩”的低价竞争战略。但随着体量逐渐增大，市场逐渐扩张，顺丰开始走出珠三角，进军全国市场。此时，作为民营快递领头羊的顺丰就必须对未来有清晰的战略定位和长远布局。

此时的顺丰选择了迈克尔·波特的“差异化竞争战略”，即摆脱靠低价攻占市场的竞争手段，选择了以主攻小件、商务件为主的中高端市场定位。这一市场定位一直延续到今天，成为顺丰的主要品牌特色。

国内物流行业人士在接受采访时曾表示，“物流企业的发展，中国快递企业的发展，关键在于标准化，这也是现在中国物流业最大的问题。顺丰成功的原因，最重要的就是服务的标准。……一开始它定的标准就比较高，所以虽然现在它的价格是最贵的，但它的服务也是最好的”。

顺丰为什么会选择中高端的市场定位呢？王卫曾经说过，“中国快递业完全高端的市场还很小，而且它分为两块，一块是国际业务，需要信息联网性支撑，这不是顺丰的优势，因为我们没有国际网络；另一块是国内完全高端的市场，现在看来还不太成熟，毕竟中国的制造业在产业结构中占比很大，而且目前制造业的产品层次偏低。另外，我认为，中国目前的快递企业还没有哪个能真正满足高端市场的需求，由于缺乏在中端的基础上为客户量身定做个性化服务的能力，使得高端市场只能委屈自己，降低需求变成中端。因此，顺丰下一步要针对不同市场客户的特征，制订网点布局规划，分配人员投入，区分、细化服务标准”。

顺丰选择中高端的市场定位，还有一个重要的原因，就是顺丰采用了与其他快递公司所不同的直营模式。

在顺丰创立初期，主要依赖加盟制的方式在全国迅速攻城略地。这种方式为顺丰成长为全国性公司，立下了汗马功劳，但随后其弊端越来越明显——服务标准不统一，暴力分拣，加盟商在顺丰的运输车中夹带私货，爆仓，客户信息泄露等问题时有发生。这些问题损害了顺丰的品牌声誉。在接连收到客户投诉后，已经功成名就、归隐山野的王卫，痛下决心，重新出山，发起了一场持续数年的改加盟制为直营制的体制改革。

从1999年起，王卫开启了顺丰的直营化改造。中间经历了重重波折，王卫本人甚至受到了暴力威胁。一直到2005年，顺丰基本上完成了直营化改造。

直营化的结果是顺丰迅速实现了服务的标准化、管理的统一化和物流技术的升级换代。与此同时，也大幅度增加了顺丰的运营成本，使顺丰成为一家“重资产”公司。

重资产、高投入、服务标准统一化和更高的服务品质，决定了顺丰选择中高端的市场定位。顺丰的价格一直高于“通达系”同行，但顺丰的快、安全、信息透明、服务好为顺丰赢得了远高于同行的口碑。

顺丰是民营快递企业中最早引进巴枪的。2003年，顺丰以每件7000元人民币的高价从韩国引进了一批巴枪，率先将顺丰小哥武装起来；顺丰的每件快递都拥有一个专属条形码，可以全程查询抵达位置，使得顺丰的速度和透明度遥遥领先。顺丰还高价购置自动分拣系统，实现全天候24小时无差别自动分拣；顺丰的每一辆送货车都配备有全球定位系统（GPS），可以对货物的位置有更精确的判断；顺丰还建立了计算机数据库，将交易过程分解规划，无论哪一环节需要相关信息，都能快速有效地获取。所有这些，都让顺丰的服务水平和服务质量远超同行。王卫曾说，“你要想让自己的零售价更高一些，就得先在服务上有所不同，否则消费者是不会买账的”。

今天，全社会都在探讨消费升级。回头来看，王卫10多年前的战略布局和市场选择无疑是非常有远见的。顺丰构筑了自己的核心竞争力，也为未来的竞争赢得了先机。京东创始人刘强东曾说，“今天很多人谈论未来中国的物流格局，我的观点不变，长期来看，除了邮局体系，民营物流只能是‘2+1结构’，京东和顺丰会成为两大物流巨头。它们之间会有一点竞争，但都可以成长为巨头，任何一家倒掉都是行业的损失”。

中高端的市场定位，让顺丰免于像“通达系”那样陷入低价无序竞争。随着电商件物流业务的井喷式增长，虽然顺丰的包裹量比重在全行业中并不算高，但顺丰的利润长期以来超过了“通达系”快递公司的利润总和。

当然，选择任何一种竞争战略，必然有得有失。近10年来，随着淘宝、京东、亚马逊、唯品会等电商的迅猛崛起，电商件物流业务的规模越来越大。顺丰的中高端定位和直营模式，在某种程度上，让其难以匹配“价格敏感度高，时效敏感度弱”的电商快递业。

王卫感受到了压力，通过自建电商平台和推出针对电商件的专项服务，来应对电商件物流业务的井喷式增长。但可以肯定的是，顺丰要赢得未来，决不能重回“割价抢滩”的时代，更不应指望高中低档通吃，而是要考虑如何在优质服务的基础上有所为有所不为。正如王卫自己所说，“顺丰能一直走到今天这样的地位，就是因为采取了差异化的竞争策略，我们提供的是不同于其他快递公司的快递服务。并且能让消费者清楚地知道，顺丰提供的速运服务和其他快递公司有着本质的不同”。

一路北上，征伐全国

1993年顺丰成立，不到5年的时间，已经成为整个华南地区业务量第一的快递公司。此时对顺丰来说，面临选择——是做一个安于华南的“安静的美男子”，还是进军全国市场，一路北上，成为中国民营快递头部企业。

时间拉回到20年前。20世纪90年代后期的中国，正处于国企改革和加快加入WTO的关键时期。对内市场化改革和对外开放，都达到了1978年改革开放以来前所未有的高度。同一时期，地处广东的万科、格力、恒大等知名企业，都在实施向全国扩张的战略。

王卫是一个有野心的人，他志不在华南，甚至不仅仅满足于中国市场，他更大的野心是成为中国版的“联邦快递”。因此，顺丰必然走上扩张之路。

胡雪岩说，如果你有一乡的眼光，你可以做一乡的生意；如果你有一县的眼光，你可以做一县的生意；如果你有天下的眼光，你可以做天下的生意。

王卫显然是一个既有野心，也有眼光的人。

中国经济最活跃的地区，从北向南依次是环渤海经济带、长三角经济带和珠三角经济带。对顺丰来说，坐南朝北，必须“攻”下长三角经济带和环渤海经济带。

当时长三角快递业的竞争非常激烈。浙江“桐庐帮”创办的“通达系”，已经占领了浙江、江苏、上海等地的市场，并开始进入北京、广州、武汉、成都等更多的城市，广泛地布局网点。尽管面对强敌，顺丰仍迎难而上。顺丰当时选择的办法是复制华南模式。要快速建立网点，最有效的办法就是走加盟制道路。顺丰在长三角每设立一个网点，就成立一家公司。这些遍布长三角的网点，构成了顺丰最初的快递网络。借助加盟制，顺丰进入了华中市场、华北市场，建立了一个覆盖全国大部分区域的快递网络。

2005年，顺丰完成了从加盟制到直营化的改造，建立了中国民营快递企业中第一家完全直营式的重资产快递公司。顺丰的全国性扩张和重资产模式，决定了其必然需要大量的资金。而王卫在相当长的时间一直拒绝外来资本“染指”顺丰。拒绝融资，这甚至在很长一段时间成了王卫的一个鲜明的印记。

王卫曾说，“要么杀出一条血路，要么只能等死”。当时快速扩张的资金来源主要是银行贷款和内部资金。据说为了获得400多万元的资金，王卫曾将顺丰抵押给银行，可见其当时对资金的渴求。

顺丰在科技投入上不惜血本。2003年，“非典”疫情暴发，航空业受到了前所未有的冲击，王卫却发现了商机，并迅速行动。顺丰从扬子江快运租赁了5架波音737货机，专门用于上海、杭州和广州3个城市的快件业务。2007年，王卫用1000万美元购买了两架二手货机，并向民航总局申请成立航空货运公司，成为中国第一家由民营快递公司申请成立的航空货运公司。

顺丰通过地域上的大举扩张和装备上的大笔投入，坐上了中国民营快递企业的头把交椅，真正成为一家全国性的民营快递巨头。在顺丰崛起的过程中，王卫所展现的战略眼光和不屈不挠的创业者精神，像极了他所对标的美国联邦快递公司创始人弗雷德·史密斯。20世纪70年代，弗雷德·史密斯冒着极大的风险，将全部财产（850万美元）投入联邦快递公司，然而这还远远不够。为了筹到巨额资金，他竭尽全力游说华尔街大银行家和大投资商，筹集到9644万美元，创下了美国企业界有史以来单项投资的最高纪录。在获得风险投资之后，弗雷德·史密斯做的第一件事就是购买了33架飞机。

顺丰在经历了加盟改直营、进军全国市场、重金投入航空公司等一系列举措后，业务迎来了爆发期。

根据顺丰控股的公告，2016年总营收为574.83亿元，同比增长21.51%；净利润为41.80亿元，同比暴涨112.51%；扣除非经常性损益后的净利润为26.40亿元。而2013年顺丰控股的总营收还仅为273.81亿元，短短3年时间，顺丰控股的营收就增长了109.94%。而同时期的中国邮政速递业务的营收不增反减，2013年中国邮政的速递物流营收为290.7亿元，2015年这一数字甚至降为289.6亿元。2016年，申通快递的净利润为12.4亿~12.5亿元，圆通速递的净利润为13.5亿~14.5亿元，韵达股份的净利润为11.6亿~12.2亿元。可以看出，顺丰的净利润遥遥领先，快递业霸主地位的大局初定。2017年2月24日，顺丰控股在深交所上市，正式登陆A股市场。当天收盘后总市值达2310亿元，超越万科A和美的集团，成为深市第一大市值公司。

顺丰上市6天连续涨停6次，市值高达2800亿元，沪深两市市值排名第十五。而王卫的身家也从130亿元涨至上市6日后的1800亿元，一度超过腾讯创始人马化腾的1670亿元，仅次于王健林和马云。顺丰控股发布的2017年年度报告显示，2017年度顺丰控股实现营业收入710.94亿元，增幅达23.68%；归属上市公司的净利润为47.71亿元，同比增长14.12%。从业务量和客源来看，顺丰2017年实现快递业务量30.52亿件，同比增长18.29%；活跃的月结客户从2016年的62.88万人上升至2017年年底的82.25万人，同比增长30.8%。

当年香港砵兰街的“水货佬”成了名副其实的“快递之王”。

方法论

顺丰崛起的方法论，可以总结为四点：

一、做“卖水的生意”

对许多创业者来说，如何寻找缝隙市场？不妨多想一想，做“卖水的生意”。未来哪个板块会快速成长，那就去服务那个板块。通过这种方法，往往能够抓住商机。

比如，百度把稀缺的流量掌握在自己手中，然后进行流量分发。它并不是每一个网页的内容生产者，但它是流量的分发者。百度从那些意图获得流量的企业手里收取大笔广告费。再如，江南春创办的分众传媒，几乎垄断了中国的电梯广告市场，本质上做的也是流量分发业务。那些大量崛起的新型互联网公司和快消品公司，当它们需要进行市场开拓和品牌推广时，往往会选择分众传媒进行合作。虽然有很多新兴的公司最终破产，但分众传媒却赚得盆满钵满，这就是“卖水的生意”。

二、做别人瞧不上的生意

快递行业是一个非常辛苦的行业。1993年顺丰、申通创办初期，肩扛手提，走街串巷，挣的是辛苦钱，干的是最脏最累的活，是别人根本瞧不上的生意。但是，机会往往孕育在别人瞧不上的地方，当所有人都觉得一件事情太苦太累的时候，却是商机所在。

《创新者的窘境》一书指出，那些能够颠覆大公司的创新者，往往是从大公司瞧不上、不愿意去做的领域崛起的。对于创业者来说，多去看一看哪些事是大公司没有做的、不屑于做的，然后去把这些事情做好，或许未来能够颠覆大公司。

三、做有取舍的生意

这里要说的是顺丰精准的中高端市场定位。顺丰通过直营化改革建立了统一的快递标准，其优质的服务，更快的速度，更安全的运送，让顺丰赢得了口碑和中高端客户的信赖。即便顺丰的价格高于同行，客户也愿意接受。

根据华泰证券的研报，整个快递行业的平均单价逐年下滑，价格战愈演愈烈。在此背景下，顺丰2017年快递业务票均收入略有上升，达到23.14元。这个数字不仅高于快递业平均水平，更是极大高于以低价承揽电商件物流业务为主的“四通一达”等竞争对手。

美国品牌大师特劳特写过一本书叫《定位》，他认为所有的品牌都应该精准定位。所谓定位，就是在用户的心智中，植入自己的品牌形象，并且尽量在一个品类当中去占据第一名的位置。选择中高端就意味着放弃低端市场。顺丰当初选择主攻商务件、小件的时候，曾放弃了摩托罗拉等大型跨国公司的订单。有舍才有得，要做有取舍的生意。顺丰的成功就是因为在中高端快递市场确立了霸主的地位，让它避免了与“通达系”的低价竞争。

对于任何创业者来说，都要懂得做有取舍的生意。不要试图通吃市场上所有的业务，过度贪婪会葬送本该属于自己的市场。

四、做跑道足够长的生意

投资大师巴菲特曾说，一定要选择一条坡又长、雪又厚的跑道去滚雪球，投资企业也是如此。

王卫带领顺丰用20多年的时间，打造了一家千亿市值的快递公司，主要得益于他选择了一条坡足够长、雪足够厚的跑道。根据国家邮政局发布的《2020年中国快递发展指数报告》，2020年全国快递业务量为833.6亿件，连续7年稳居世界首位，占全球业务量六成以上。快递企业日均服务4.5亿人次，相当于全国每天有1/3的人享受快递服务，人均快件使用量约59件。

从美国的市场来看，一个大国经济崛起，足以支撑一家乃至数家千亿市值的快递公司的诞生，美国联邦快递和UPS都是千亿市值的公司。所以顺丰上市的时候，也能够赢得投资者的青睐，成长为千亿市值的公司。

所以，对创业者来说，一定要选择一条坡足够长、雪足够厚的跑道。如果市场空间狭小，即便做到市场第一，也仍然是一个小体量的公司；但如果市场空间足够大，即便在行业排名靠后，也仍然能够获得可观的利润。

第2章　竞争

大鱼吃小鱼，快鱼吃慢鱼

——顺丰的竞争战略

科技投入下血本

工欲善其事，必先利其器。

顺丰在发展的过程中，从不吝惜在科技上重金投入。磨刀不误砍柴工，通过向高科技投入，顺丰的发展速度更快、体量更大、服务更好。“大鱼吃小鱼，快鱼吃慢鱼”，顺丰以此构建了自己的核心竞争优势。

谈顺丰的高科技要从巴枪说起。2003年，王卫就花高价从韩国进口了一批巴枪。这在当时中国的民营快递公司中，可谓第一个吃螃蟹的。今天我们已经习惯在各大购物网站上，可以随时查看快递的状态：是否出库，抵达了什么地方，是否分拣等。早在10多年前，顺丰就已经在做这件事了，所以顺丰在信息化速度上遥遥领先于同行。

顺丰的巴枪也在不断地升级换代。为了摆脱高价进口的窘迫，完善巴枪的功能，王卫还与清华大学合作研发新型手持终端，使产品更加轻薄，功能也更加齐全。

顺丰还引进了数字网络传真机，使各部门之间利用传真机进行沟通；顺丰在民营快递公司中率先建立了自动分拣系统，该系统将客户服务、仓储、运输和配送系统进行整合，大大节省了人力资源，节省了分拣时间，提升了工作效率。

顺丰位于深圳的航空公司分拣中心，偌大的分拣大厅里，并没有几个工作人员，全靠机器分拣，快速、高效、准确。顺丰的送货车，每一辆都配备有GPS；顺丰成功打造了“全球眼”系统，通过这个系统，顺丰可以精准地掌握货物的位置。

顺丰还建立了计算机数据库。这个数据库系统分为业务核心系统、财务核心系统和客户核心系统，这3个系统分解了顺丰的交易过程，并做了重新规划，可以快速而有效地获取相关信息。

可以说，高科技的加持是顺丰的发展能够一马当先的关键。

时至今日，顺丰成为一家具有“天网+地网+信息网”，具备核心竞争力的智能物流公司，同时是一家典型的科技公司，其科技含量超乎人们的想象。

首先，介绍天网。

顺丰是国内民营快递公司中最早租赁飞机进行快递运输的公司，也是最早拥有货机的公司。2020年年报显示，顺丰控股拥有61架自营全货机，租赁14架全货机，共执行航线83条，总发货量为85万吨。2020年顺丰航空共执行国际航线3580班，同比增长353%，相继开航武汉到法兰克福、长沙到列日、武汉到大阪等27条国际航线，国际航线网络布局初具规模。截至报告期末，顺丰控股业务覆盖全国335个地级市、2847个县区级城市，拥有约1.9万个自营网点；国际标快/国际特惠业务覆盖海外78个国家及地区，较2019年新增16个国家和地区，国际小包业务覆盖全球225个国家/地区。

尤其值得一提的是，顺丰正在打造的鄂州机场，是亚洲第一个、世界第四个货运枢纽机场，将在我国中部地区形成辐射全国的速递物流型货运枢纽，重塑我国民航的航空货运市场结构。机场建成后，预计2025年货邮吞吐量245万吨、旅客吞吐量100万人次，2030年货邮吞吐量330万吨、旅客吞吐量150万人次。

顺丰甚至在培养自己的飞行员。在航空领域，飞行员的培养周期较长、投入较大，顺丰自己培养飞行员，可见其布局之远、实力之强。顺丰也是最早提出和布局物流领域无人机应用的公司。截至2020年上半年，顺丰已申请和获得在无人机领域的专利数量达347项，其中发明专利申请占比约50%。

其次，介绍地网。

顺丰在科技上的投入，最典型的体现在冷运领域。

冷运是公认的物流难点，这也是生鲜电商最难做的原因所在。和航空一样，冷运是科技含量极高的领域。在长途运输中，保持车辆低温、恒温，是一件很困难的事。在冷运链条的衔接上，也很考验企业的管理功力。

顺丰冷运网站显示，目前已开通运营食品干线143条，覆盖117个城市，727个区县，共2583条流向，贯通东北、华北、华东、华南、华中、华西等重点核心城市。自有食品冷藏车256辆，1.4万余辆外包储备冷藏车，皆配备完善的物流信息系统及自主研发的TCEMS全程可视化监控平台。已开通运营26个食品仓，仓库总面积约15万平方米，具备先进的自动化制冷降温设备，进口计算机温度监控系统，标准专业的操作管理，7×24×365全天服务。

最后，介绍信息网。

顺丰一贯重视对信息系统的投入和建设，不断致力于信息系统的优化，持续加强信息系统基础架构建设，积极研发和引进具有高科技含量的信息技术与系统。

顺丰投入巨额资金研发各类营运管理系统、SAP财务系统及决策支持系统，旨在通过打造简洁高效的业务流程，提升业务时效、资源效能，降低公司运营成本，提升集中管控能力；打通人、财、物的一体化管理，提升集中管控能力；建立统一的、多方位的、基于大数据分析的决策支持平台，为企业战略决策提供高质量的数据挖掘和支撑服务。

顺丰斥巨资打造科技含量极高的“天网+地网+信息网”的组合，可以为客户提供一体化的综合物流解决方案。

比如，在服装行业，企业的物流中心零散分布在不同的城市，很难处理类似“双十一”高峰时的消费者需求问题；若企业库存周转不灵，数据分析能力有限，易出现货物积压或不能及时供货问题。顺丰以大数据分析为依据，结合服装单仓、智慧云仓，以及各种配套措施，帮服装企业解决上述痛点。

据报道，2020年11月11日顺丰全网收件量环比平日增长2.5倍，其中阿里平台订单揽收率高达84.4%，其中很大一部分是男装和女装品牌。顺丰“双十一”当日的揽收量超过6000万件，“双十一”件量预测达成率102.27%，首日派送成功率为96.4%，较2019年大幅提升。

高科技也使得顺丰的成本更可控。顺丰全面启用SAP后，大幅提升了公司系统内部控制的有效性、数据的及时性和质量；同时，通过不断提升端到端流程自动化水平，以及大力推广丰声等移动办公门户，充分利用员工碎片化时间，进一步提升了内部管理效率，降低了人工成本。目前，快递公司普遍面临人工成本上升的压力，顺丰借助科技投入，在一定程度上化解了一部分压力。

顺丰2017年上线了微信公众号，电子运单使用比率高达96%，大大降低了输单和客服环节的成本。客服机器人“丰小满”的上线也是顺丰在智能化方面进行的尝试。

顺丰2017年年报显示，顺丰控股在科技投入共计16.04亿元。顺丰科技及各业务区IT人员约3700人（含外包），其中研发投入11.67亿元，研发人员（含外包）2800人，运维及其他支出4.37亿元。2017年顺丰在物流无人机、智慧设备、智慧服务、智慧决策、车联网等智慧物流领域的研发及推广应用成效显著。

2020年，顺丰控股科技投入金额达42.73亿元，较上年同期增长16.49%。

成果方面，顺丰已获得及申报中的专利3112项，软件著作权1593个，其中发明专利数量占专利总量的56%。也因此，顺丰获2020年物流技术创新奖、2020智慧物流十大创新引领企业称号、2020年度邮政行业科学技术奖等奖项和荣誉。

正是通过在科技方面的持续发力，不惜血本，确保了顺丰的服务领先于同行，竞争优势持续强化。

从“非典”危机中抓机遇

如果随便找一个用过顺丰快递的人问，顺丰和其他快递公司最大的不同是什么？相信很多人会提到一个字——快。

2017年11月，极少面对媒体的顺丰掌门人王卫，接受了央视财经的采访，王卫的一句话，却意外引爆了朋友圈。

记者说，从北京到深圳，2000多千米的距离，快递能实现24小时送达，几乎是一件不可能完成的事。

王卫却说，如果按照国际标准来说，这并不是一件难事，顺丰用飞机和货运专机送快递是很正常的事，这也只是在做别人做过的事，并不是很超前。他说，“可能大家认为顺丰快，是因为其他人慢，我自己并不认为顺丰有多快”。

2018年元旦，罗振宇在他的跨年演讲中提到，商业世界的发展，不是在一个维度上加快，而是整个世界都在快起来：电脑和网络的速度在加快，大企业的行动在加快。而且，不仅仅是公司的发展在变快，用户的演化也在变快。用户的心智在飞速迭代，产品必须紧随其后，所以“快”足以构成一家企业的核心竞争力。

我们观察美国的快递业竞争史，也是一部比拼谁更快的历史。

100多年前，美国的物流业是被美国邮政系统独家垄断的，那个时候主要通过铁路和马车来运送包裹。到了20世纪初期，汽车出现了，一家1907年成立的小公司抓住了机会，采购了一批福特T型车，在美国西部边陲的西雅图开展业务。汽车比马车的速度更快，这家名为UPS的小公司迅速崛起，到第二次世界大战的时候，逐渐取代了美国邮政系统的江湖地位。

没有最快，只有更快，随着交通工具的升级换代，人类迎来了飞机的时代。20世纪70年代成立的联邦快递，用飞机挑战汽车，为客户提供更快速度的次日达服务。虽然飞机的物流成本更高，但因为更快而赢得了用户。到今天，联邦快递已经成为和UPS双雄并立的快递巨头。

可以说，谁能够抓住交通技术进步的契机，谁能够更快地满足用户的需求，谁就代表着未来。

在顺丰的发展历史上，2003年是一个重要的节点。

对于快递公司来说，快是最重要的竞争力。一份重要的文件，如果晚一天到，有可能损失数百万元的收益。对于生鲜产品来说，延误一天就可能一文不值。顺丰从美国联邦快递的发展史中汲取了经验，一定要通过航空的办法，让顺丰快起来。

中国幅员辽阔，国土面积大。随着中西部地区的开发，长距离、跨区域快件数量逐渐增加。如果在国内外实现800千米以上“次日达”，除了特殊天气外，使用航空运输最经济、最有保障。与航空公司客机腹舱（机腹货舱）相比，自建航空货运公司的起降时间可以根据作业的时间申请，较为灵活。使用航空公司客机腹舱运输快件的晚航班，一般要求提前4小时交货，以便安全检查，并且提货时间较长。而这个时间对很多快递企业来说正是收件的高峰时段，快件尚未全部分拣。如果使用客机的早航班，则难以满足“次日达”的需求。

因此，自建航空货运公司是相关企业提供具有竞争力快递产品的需要。

王卫早就意识到这一点。2003年，王卫从非典疫情造成的危机中发现了机会，果断出手，从扬子江快运租赁了5架波音737货机，专门用于快件运输业务。

2006年，顺丰的业务范围已经覆盖全国20多个省份，100多个大中城市和300多个县级市和城镇，并建立了两个分拨中心，52个中转场。但王卫并不满足于仅仅租赁货机，他要求顺丰一定要拥有自己的飞机。2007年3月，王卫用1000万美元购买了两架二手货机。

2021年3月，顺丰已经拥有64架自有全货机，而且数量还在不断增多，遥遥领先于业内同行。顺丰自建的航空货运公司已经成为我国最大的航空货运公司，超越了国内的四大航空公司。

打造中国版“孟菲斯”

顺丰在构建自己的竞争优势上从未止步。

2018年2月23日，发生了一件在顺丰历史上具有重要意义的大事。

中国政府网发布了《国务院 中央军委关于同意新建湖北鄂州民用机场的批复》，同意新建湖北鄂州民用机场。机场性质为客运支线、货运枢纽机场，场址位于湖北省鄂州市鄂城区燕矶镇杜湾村附近。机场总投资372.6亿元，其中，机场工程183.6亿元，由湖北省、深圳顺丰泰森控股（集团）有限公司等企业共同筹措解决，国家发展改革委、民航局对机场的客运支线功能安排中央预算内投资和民航发展基金予以支持；转运中心工程135亿元、顺丰航空公司基地工程46.2亿元，由深圳顺丰泰森控股（集团）有限公司筹措解决；供油工程7.8亿元，由中国航空油料有限责任公司筹措解决。具体资金安排在可行性研究阶段确定。

这个批复意味着，中国版“孟菲斯”即将诞生。

孟菲斯位于美国东南部，两条州际高速公路交会于此，货运集装箱可以通过卡车在10个小时内抵达美国本土2/3的地区。孟菲斯的铁路交通也非常发达。冬季气候温和，降雪较少，有利于飞机起降。孟菲斯机场曾经在18年时间里问鼎全球最繁忙的航空货运机场，是当之无愧的航空货运之王。

孟菲斯是如何崛起的呢？这要感谢联邦快递创始人弗雷德·史密斯。

20世纪60年代，美国经济越发依靠服务业和高技术产业，大量新兴公司离开原材料产地，散落在全美各地，这就产生了大量的货件快递需求。联邦快递创始人弗雷德·史密斯看到了这个商机，大量购买飞机，率先推出隔夜快递这一新兴服务。

联邦快递最终选择孟菲斯作为航空枢纽。1973年4月，联邦快递总部正式迁往孟菲斯，成为孟菲斯机场最大的客户。联邦快递的经济辐射力，达到280亿美元产值。从机场示意图上看，联邦快递的作业区占据了整个机场大约1/4的面积。

联邦快递的入驻，带动了高新产业群体的兴起。在孟菲斯航空城区，有130万人口，每3个就业机会就有一个是航空城创造的。在航空城产业辐射下，与它相关联的物流业、制造业、医疗服务业、计算机维修业、旅游业等发展迅速。

可以说，孟菲斯成就了联邦快递，联邦快递也成就了孟菲斯。

随着中国航空快运业的发展，王卫早就梦想着有一天打造中国的孟菲斯，通过建立航空运输枢纽，以降低成本，提升时效。这与国家的发展战略、地方经济的发展规划不谋而合，也就有了鄂州机场的项目。

顺丰是鄂州机场项目的主要参与者，也是受益者。

根据国务院和中央军委的批复，本期工程飞行区跑道滑行道系统按满足2030年旅客吞吐量150万人次、货邮吞吐量330万吨的目标设计，航站楼、转运中心等设施按满足2025年旅客吞吐量100万人次、货邮吞吐量245万吨的目标设计。一期两条长3600米、宽45米的4E级跑道，1.5万平方米的航站楼、153个机位的站坪等主要建设内容也预示着建成后的鄂州机场与相关物流运输基地和产业园将组成亚洲第一个、全球第四个的航空物流枢纽。

顺丰在公告中明确表示，湖北国际物流核心枢纽项目是顺丰航空运输体系布局建设的核心，以该枢纽为中心，顺丰将全面打造覆盖全国、辐射全球的航路航线网络。

根据孟菲斯的发展经验，航空城是一个区域概念，是由航空业带动的高新基础产业区、高端制造业区、旅游区和医疗服务区的融合物。根据鄂州航空都市区建设指挥部规划，鄂州将建设“一体两翼”的临空产业带：主体是由大物流和大数据双引擎驱动的现代生产性服务业，两翼则是医疗健康和智慧制造。规划中还将启动国际空港物流基地、临空产业园、燕矶航空小镇、汀祖航空物流产业园等项目的建设，在物流仓储空间上为临空产业提供支持。

兴业证券认为，大量部署和规划临空产业势必会为顺丰带来大量新业务，鄂州机场的建成也将大概率为顺丰快递及货运业务带来质的飞跃。

一家企业在崛起的过程中，往往存在一些重大节点。如新浪率先推出了微博，腾讯打造了微信，这些举措都将企业的发展大大往前推动了一步，也构建了对同行的比较优势。在顺丰崛起的过程中，也存在一些重大节点，如从加盟制改为直营制，2003年非典疫情暴发时与扬子江快运签下包机协议等。因此，鄂州机场的建设，有望成为顺丰发展的一个新的重大节点。

从鄂州机场的规划图来看，航站楼呈现一个大大的“王”字，它或许是对王卫这个“快递之王”未来发展的隐喻。

鄂州机场建成后将对顺丰有诸多好处。

“大集散”取代“点对点”，将大幅度降低成本，提高载货率，而且能够覆盖全国更多的城市，满足急速增长的航空货运需求，还能够节省飞机燃料。这无疑将使顺丰的竞争力大大增强。

据媒体报道，在距离鄂州机场大约20分钟车程的地方，有一个年销售额超过百亿的电商基地——葛店开发区。这里已经聚集了诸如唯品会、亚马逊、苏宁易购、普洛斯等30多家全球或国内知名企业，年销售额逼近百亿元大关。

如果顺丰能够入驻鄂州机场，那无疑是近水楼台先得月，顺丰很可能借此弥补上电商业务的短板。

顺丰的公告中还提到，将贯彻落实国家“一带一路”倡议和长江经济带发展战略。鄂州机场的建成，将成为中国对东南亚航空贸易的接口和门户，将中国制造的高新技术产品从全国汇集于鄂州，由顺丰承担主要物流服务，输送出国。这对我国国际物流进出口业务的发展将起到重要的推动作用。

从孟菲斯的发展经验来看，孟菲斯成就了联邦快递，鄂州也有望助力顺丰再次腾飞。

▶ 深挖洞，广积粮

顺丰在构筑自己竞争优势的过程中，一直在做的一件事就是“深挖洞，广积粮”，在打造核心竞争力上不惜血本，不断拉开与竞争对手的差距。

2017年“双十一”之前，我探访了位于深圳宝安国际机场内的顺丰航空枢纽，以及顺丰香港公司，参观了顺丰货运航空指挥中心、包裹分拣区、全货机以及冷链仓库，深刻感受到了顺丰这些年在智能物流、信息化和新业务拓展方面的巨大投入和技术领先优势。

在顺丰航空包裹分拣中心，放眼望去，数个足球场大的分拣中心，是交错穿行的传送带的海洋。依赖全方位扫描技术，每件包裹在抵达某个位置时，自动从传送带上滑落，通过滑槽进入打包区，该位置就是这件包裹要送抵的省份。这一幕，让我想起2008年皮克斯制作的科幻动画影片《机器人总动员》，人在星际轨道上呼啸而过，炫酷，智能。

今天，快递物流行业已经不仅仅是劳动密集型产业，更是技术密集型和资本密集型产业。顺丰一直走在行业的前列。上市后的顺丰将大量的资金投入到“深挖洞，广积粮”上。

第一，保存量，做增量，加码新业务，通过新业务做大整个公司的“蛋糕”。

顺丰在国际业务、同城业务、重货、冷运等新兴业务方面持续发力。2020年，顺丰新业务板块占总营业收入比例进一步提升至28.24%，同比提升2.61个百分点，3年复合增长率达64.5%，成为公司业务新的增长引擎，公司综合物流服务能力及供应链服务能力进一步增强。在快运、冷运及医药、同城、供应链等细分领域，顺丰均占据龙头地位。

第二，继续加大重资产投入力度，在打造物流基础设施方面不惜血本。

顺丰、京东、亚马逊都属于愿意重金打造物流资产的公司。人们对这一模式一直有争议，有人认为轻资产才契合互联网时代精神，不过顺丰显然在选择自己的道路方面很坚定，就像当年执意将加盟制变为直营制一样，顺丰在重资产的投入上一直很坚决。

公开信息显示，顺丰控股在2017年8月以35.19元/股的定增价格完成的80亿元融资，主要投向航材购置及飞行支持、信息服务平台建设及下一代物流信息化技术研发、中转场建设、冷运车辆与温控等项目。此次募资不仅进一步完善了公司的产业布局，增强了综合物流提供能力，更壮大了公司的资产规模，为顺丰的产业升级提供了坚实的基础。

第三，从投入的方向来看，顺丰高度重视信息化和智慧物流体系，发力人工智能与大数据以及无人机等领域，意图卡位未来市场。

在顺丰定增募集的80亿元配套资金中有34亿元是投向以人工智能、大数据及无人机为主的科技创新中。

顺丰控股已成为国内首个无人机物流示范企业。其最大中转场的全自动分拣设备能力峰值可达15万件/小时。据顺丰有关负责人透露，顺丰将继续加大对科技创新的投入力度，尤其在人工智能、云技术、物联网、智能设备等方面的综合应用上。

通过以上3点，或许可以总结出“新顺丰”的3个关键词：新业务、重资产、智慧物流。顺丰的核心目标是使企业规模更大，竞争力更强，在未来的技术战和全球化市场争夺中具有竞争优势。

王卫的梦想是星辰大海。他多次谈到，顺丰的最终愿景，是希望成为世界级的物流企业，能够与国际巨头UPS、DHL等相抗衡。

从硬件设施、全球布点能力到营收能力，顺丰与国际顶级物流公司还存在明显差距。

但顺丰仍然是中国最有希望跻身国际巨头行列的民营物流公司，原因如下。

一是因为顺丰的直营模式与国际顶级物流公司的经营模式一致，顺丰的体量和营收规模也遥遥领先于国内其他民营快递公司。

二是顺丰赶上了中国经济总量有望成为全球第一的历史性节点。强大的国家必然有助于催生强大的物流公司，这是历史已经证明的规律。

三是中国企业正在通过“一带一路”走出去，海淘全球成为热点，这是中国物流企业的重大机遇。国际市场正成为国内物流公司的必争之地。

顺丰与UPS 宣布成立合资公司，成为唯一获得管理部门批准成立合资速运公司的民营企业，共同经营和开发联合品牌的国际快递服务。顺丰聚焦B2B和B2C客户的跨境贸易，拓展全球市场。同时，顺丰与中集集团签订战略合作框架协议，计划在多式联运、快递、“一带一路”和中欧班列、铁路、装备、技术、商业等领域开展进一步合作。

总体来看，“新顺丰”未来将是一个资产殷实、服务优质、全球化布局、信息化和智能化程度领先的中高端综合物流服务提供商。

方法论

从顺丰的竞争战略中，可以总结出以下几条方法论。

一、做企业不要有“穷人思维”

所谓穷人思维，是指缺乏远见卓识，只顾眼前利益，不懂得长远投资的思维。

穷人和富人的差别主要在思维模式。富人往往能看得长远，看准了商机，就敢于全力以赴，舍得以今天的投入去换取未来长期的丰厚回报。

和巴菲特一起做了一辈子投资的查理·芒格，在他的《穷查理宝典》一书里，提到了做投资的思维方式。他认为，不应该什么企业都去投，在市场上频繁地操作；而是要挑选那些优秀的项目，只要看准了，就大笔地去投入，这种回报往往会更高。

我们来看王卫的竞争战略。王卫是一个敢于冒险的人，平时酷爱极限自行车运动，喜欢风驰电掣的感觉，同时他又有非常好的控制力。

王卫在2003年非典疫情暴发时，大胆地与扬子江快运签订了货机租赁协议，将顺丰率先带入了航空快递时代；在资金并不宽裕的情况下，又大手笔采购自有全货机，使顺丰的寄件速度远远快于同行。这就是富人思维。对创业者来说，非常忌讳的就是深陷穷人思维。越穷越不敢投入，越穷越不敢果断出手，最后的结果就是一直陷在贫穷的怪圈里难以自拔。

二、危机也是商机，企业家要有“反脆弱”的能力

纽约大学教授纳西姆·尼古拉斯·塔勒布提出“反脆弱”的概念。他认为，既然“黑天鹅事件”无法避免，那就想办法从中获取最大利益。

2003年暴发的非典疫情对航空业是一场灾难，没有人愿意出门坐飞机了，但对快递行业来说，却潜藏着机会，正好可以低价租赁飞机运输货物。王卫看到了其中的商机，并果断出手，这就是“反脆弱”的典型案例。

危机也是商机，一流的企业家总能在普通人止步的地方发现机会。

三、企业家要多想想“后天”的事

阿里巴巴创始人马云有一句经典语录，他说，“今天很残酷，明天更残酷，后天很美好，但绝大多数人死在明天晚上”。所以，一位出色的企业家应该多思考“后天”的事。

一流的企业家都是出色的战略家。企业家一定不能陷入具体业务的琐碎细节之中，一旦大脑每天被具体业务占满，心力交瘁，将无暇思考企业长远的发展。联想创始人柳传志总结出了著名的管理三要素：搭班子、定战略、带队伍。优秀的管理者要能够为企业“后天”的发展提前做布局。

顺丰在财力并不充裕的时候，大手笔租赁货机，随后又大笔购买自有全货机，并且组建了全货机机群。这就是在为“后天”做准备。

快递行业的竞争不可能永远停留在价格战中。随着消费升级和供给侧结构性改革的进行，企业和用户一定会对快递服务质量提出更高的要求。这个时候，顺丰的竞争优势就会更加凸显。

第3章　模式

宁可流血，也要“削藩”

——顺丰的管理模式

下决心“削藩”

300多年前，中国历史上发生了一件大事。

年轻的康熙皇帝做出撤藩的决定，并由此引发了历史上著名的“三藩之乱”。

三藩之乱被平定后，清朝迎来了政权长期稳定的局面。

从中国历史上看，藩乱是威胁政权稳定的重大隐患，但削藩往往会引起一场动乱。如西晋时削藩引发八王之乱。

在顺丰的发展历史上，也经历了著名的“削藩”事件。

我们知道，国内的快递行业一直存在着直营模式和加盟模式之争，这两派的代表分别是顺丰和“通达系”。在顺丰和“通达系”建立初期，双方选择的都是加盟模式，目的是以低价抢占市场份额，快速跑马圈地。

1996年，创办3年的顺丰已经在深港货运市场站稳了脚跟，于是开始涉足国内其他地区的快递业，即以顺德为起点，将网络触角延伸到了广东以外的地区，尤其是重点布局长三角和环渤海地区。

顺丰当时新建的快递网点，多数采用合作和代理加盟的方式，每建立一个新的网点，就注册一家新的公司。分公司归当地加盟商所有，相互连成一个网络。加盟商上缴一定数额的利润，剩余的自由支配。

在相当长的时间，顺丰一直没有总部，而由全国一个一个的加盟公司构成。正是通过这种方式，顺丰以“轻资产”的模式，快速在全国复制快递网点，进军华北、华中、华南、西南等地区。可以说，加盟商为顺丰在全国的扩张立下了汗马功劳。这种模式也是当时的“通达系”所选择的。加盟模式的优点就是资金投入少，发展速度快，可复制，可以快速地占领市场。

顺丰在全国的加盟网店铺设完成之后，王卫曾相当长的时间已经淡出了日常管理工作，过着悠闲自在的富人生活。

不过，就像清朝的藩王一样，这些全国各地的顺丰加盟网点，已经成了当地的土霸王。加盟模式的弊端逐渐显露。

加盟商在承包的片区内各自为政，员工只认自己的经理，却不知王卫的存在。受利益驱使，加盟商经常在顺丰的货运中夹带私货，暴力分拣、爆仓、卷款跑路现象时有发生，这直接损害了顺丰的品牌形象。加盟网点与顺丰总部之间的联系是非常松散的，这就使顺丰的管理力度大打折扣，服务标准难以统一，总部对加盟网点的控制力薄弱。在利益的驱使下，加盟网点的服务流程和规范大打折扣，经常出现时间延误、物品破损和丢失的问题。

1999年，已经淡出公司日常管理的王卫接到了一通投诉电话，加盟网点暴露出的问题让他忍无可忍。是通过进一步在制度上加强约束和监管来解决问题，还是彻底削藩，取消加盟改直营？这对王卫来说，是一个向左走还是向右走的问题，甚至直接决定了未来的顺丰是一个什么样的公司。

王卫在一番思考后，决定一步到位，像联邦快递和UPS一样，将顺丰的加盟制彻底改为直营制。

王卫采用了激烈而直接的收权方式，那就是用钱解决问题，想留下来的加盟商产权全部被顺丰回购，不同意的就走人。这次改革做到了快刀斩乱麻，可以说是非常彻底，但面临的压力也可想而知。

王卫曾说，“当顺丰提出差异化经营后，承包网点改直营，便遇到了很多的麻烦，当时一个承包网点就是一个小王国，根治这些问题，压力非常大”。但是王卫没有退缩，在加盟改直营的“削藩”过程中，他所展现的铁腕和果断，令人印象深刻，也彻底改变了顺丰的走向。

收权运动

削藩绝非易事。康熙帝平定三藩之乱，用了将近8年的时间，才换来了政权的长期稳定。削藩本质上是一次利益的调整，但凡涉及利益的改革，都是非常艰难的。顺丰在收权的过程中，遇到了极大的阻力，据说王卫曾受到各种威胁恐吓。

今天看来，选择直营制是早晚要走的路。“通达系”在上市之前，都进行了由加盟制向直营制转型的过程。圆通、申通等快递公司由加盟制改直营制的一个直接原因就是，快递公司想上市，直营率必须达到85%以上。不得已，“通达系”的快递公司在重要的中心城市和省会城市进行了直营化改造，但在基层网点仍然保留了加盟制。

京东物流则从建立初期就采用了直营制。刘强东对京东物流引以为豪，他曾在达沃斯论坛上说，在中国，只有京东快递员敲门，会被用户请进门送快递，而其他快递公司的快递员只能在门外等。

顺丰在由加盟制改直营制的过程中，为了缓和加盟商的抵触情绪，采取了给予较大力度补偿的办法。一方面，要求加盟商将股份卖给顺丰；另一方面，为接受改造的加盟商提供优厚的福利待遇。

此外，顺丰在直营制的改革中为员工保留了相当大的权利。顺丰快递员的工资由基础工资加提成构成，每个员工都有自己的片区，类似承包制，只要单子跑得多，你就赚得多。当年顺丰员工每个月可以拿到一两万元的新闻，曾经在网上引起了热议。

王卫不仅收了加盟商的权，为了强化对公司的掌控，跟随他创业10多年的下属、父亲和姐姐，都不会分到一分钱的股份。顺丰变成了一家从上到下统一管理的公司，王卫的权力大大扩张。

顺丰“削藩”成功，还有一个原因，就是顺丰本身在服务质量上要优于竞争对手。顺丰下大气力，建立了强大的后台支持系统和先进的技术设备。离开了顺丰的加盟商很快发现，并不容易把原有的客户从顺丰带走。因为顺丰服务好而对顺丰保有忠诚度的客户，最终仍然会回到顺丰的怀抱。

在经历了数年的“削藩”后，顺丰最终完成了全面直营化的改造，成为中国民营快递公司中的第一家。

2017年2月24日，顺丰控股正式登陆A股市场，市值一度超过3000亿元，成为股市最抢眼的公司之一。

顺丰能够取得这样的业绩，与当年王卫拿出壮士断腕的决心进行“削藩”密不可分。有数据显示，2013年到2015年，消费者申诉率在30%以上的都是加盟模式的快递公司，更有5家加盟模式企业的申诉率超过了50%。而同期直营模式的快递企业申诉率不超过5%。直营模式的优点，越来越明显。

直营化的利与弊

任何事物都有两面性。

诺贝尔经济学奖得主科斯曾经研究过在不同的产权制度下交易成本的差别。市场机制的运行是有成本的，制度的运用也是有成本的，制度安排的变更也是有成本的，一切制度安排的产生和变化都会对交易费用产生影响。科斯的理论为人们在经济生活中，对产权安排的决策提供了有效的方法。

顺丰由加盟制改直营制，本质上也是对产权制度的调整。

在加盟制下，加盟商对公司是拥有产权和极大话语权的，其工作积极性往往会很高。而从加盟制改为直营制，就意味着原来的加盟商全部变成了顺丰的员工，是庞大的快递帝国的一分子。产权和利益关系发生了巨大的变化，一定会影响到顺丰的工作流程、激励机制、服务质量和市场定位。

直营制的好处是显而易见的。

在国家邮政局发布的快递服务满意度和时限准时率调查结果中，顺丰各项指标连续多年名列前茅，表现优异，企业总体满意度排名第一。

但是直营制也有弊端。

直营制最大的特点就是“重资产”。从王卫收编加盟店开始，就意味着顺丰总部要承担所有网点的房租、交通工具、人员工资、设备投入，以及各种税费等成本。全国各地每一个网点的办公地点、设备、人员、日常运营维护，都需要大批的资金注入。顺丰拥有数十万名员工，一万多个网点，覆盖了全国所有的省（区、市），再加上泰国、新加坡、韩国、日本、美国等海外网点，可想而知投入有多大。

现代物流早已不是简单的劳动密集型，而是资本密集型和技术密集型行业。顺丰选择直营制就走上了“重资产”的道路。在2017年上市之前，顺丰的财务压力是相当大的。有媒体报道，王卫曾9次抵押顺丰物业去银行贷款，以获得企业发展急需的资金。顺丰财报显示，按费用性质，排在前6位的支出项目依次为：外包成本、职工薪酬、运营成本、办公及租赁费、物资及材料费、折旧及摊销。

2017年，顺丰外包成本达283.3亿元，占营收的39%；职工薪酬达163.1亿元，占营收的23%。在顺丰21.3万名收派人员中，自有员工达5.28万人，其他用工有16万人。外包成本主要就是这16万人的薪酬。所以，每年顺丰总的人力成本超过446亿元，占营收的60%以上。

有数据显示，邮政集团旗下的中邮速递（EMS），也采用了直营模式。2009年到2011年，EMS资本性支出承诺金额分别达到8.09亿元、11.39亿元和14.43亿元，用于对仓储设施、运输设备、集散处理中心以及揽收快递网点的建设维护等方面的投资，分别相当于当年公司营业收入的4.1%、5.1%和5.6%。

再来看看另一家采用直营制的京东物流。

在京东物流各种履约成本中，仓配成本占了绝大部分。此外，京东物流的劳动力成本从2014年到2016年分别达到40亿元人民币、73亿元人民币和108亿元人民币，成本的迅速增长明显给京东造成了巨大的压力。

作为“重资产”公司的顺丰，业务收入的增速和盈利能力是低于“通达系”的。顺丰的净利润率及权益报酬率水平平均在7%~8%，收入增速为25%~30%。而2014年申通快递的净利率、权益报酬率、总资产报酬率分别为10.7%、46.6%和21.5%。

此外，快递行业的外部环境也在发生巨变。

2009年，淘宝网推出首届“双十一”。10年来中国电商快件的增长极为迅猛。我国网上零售额年均增长30%以上，全国快递企业发展到2万家左右，快递日均服务用户数超过2亿人次，快递行业业务量连续4年位居世界第一。

电商件物流业务增长的背后是中国快递行业承受着巨大的压力。电商对快递的依赖度几乎是百分之百。而快递业对电商的依赖度也很高，除了顺丰和邮政速递，其他快递公司对电商快件的依赖度达到75%左右，而“通达系”等以电商快件为主的快递企业对电商快件的依赖度一度高达90%左右。

这个比例高得令全球其他国家感到震惊。要知道，在2007年以前，中国快递企业还是以商务快件为主的。虽然电商件物流业务迅猛增长，但由于电商平台对快递价格具有强大话语权和控制力，以电商件业务为主的快递企业沦为电商平台的廉价打工仔。

有专家分析，国际知名快递企业给电商支付的快递费平均每件在6.5美元左右，而中国的快递价格每件不足一美元，中国的电商件快递公司深陷低价竞争的泥潭，甚至为了争夺“双十一”期间巨大的快递市场，快递企业赔钱也干。

顺丰面对电商件物流业务的异军突起，前期有些手忙脚乱。

顺丰的直营模式，决定了它不可能与“通达系”去拼低价，抢电商件物流业务。其优质的服务，更快的速度，对于某些电商用户来说，并不是最看重的。“价格敏感型+速度钝感型”的电商用户，让顺丰有劲使不出。面对电商件物流业务的迅速增长，王卫曾经在内部讲话中说，做电商件物流业务是死，不做电商件物流业务也是死。由此可见顺丰面临的压力。

另外，直营制也会影响企业的工作效率。比如，在中国广大农村地区，有越来越强烈的快递需求，但农村网点的数量却远不像城市那样多。要服务农村市场就需要铺设新的网点，但快递公司如果完全走直营模式，却未必能够实现投入与产出比的最优平衡。

从目前行业共识来看，农村地区铺设网点还是以加盟制最为经济和有效。因此，就像科斯所指出的那样，不同的制度安排，会产生不同的交易费用，企业家需要找到最优的边界和平衡点。这是对企业管理者的重要考验。

灵活调整

这世界上没有一种制度是一成不变、一劳永逸的。

对企业来说，只有跟随时代和环境的变化而不断调整的企业才能基业长青。因此，企业必须保持制度的灵活性。

北京大学国家发展研究院教授陈春花在《激活组织》一书里说，今天管理者的核心工作，是要确保组织可以跟得上环境的变化，让组织具有驾驭不确定性的能力。如何让组织成员具有创造能力，感受工作的意义与价值，是组织驾驭不确定性的根本解决之道，这是对组织管理与领导力的挑战。

这段话里有两个关键词，一个是驾驭不确定性，另一个是让组织成员具有创造能力。企业需要创新的缘由常常在于环境具有不确定性，而企业调整的目的，又是让组织保有创造能力。这个世界唯一不变的就是变化。“灰犀牛”和“黑天鹅”随时会出现。不确定性、不可预测性和复杂性，是摆在企业家面前的现实，只有能驾驭复杂现实的企业才具有持续的创造力。

我们可以看看那些取得成功的企业。

腾讯，从一个QQ交友软件商发展成一家具有万亿市值的科技公司，这过程中经历了数个阶段的架构调整。

2009年，腾讯的业绩达到了一个顶峰。那个时候的腾讯什么都做，交友软件、新闻门户、电商、搜索引擎业务、杀毒软件、游戏等等。

后来发生了奇虎360与腾讯之间的“3Q大战”，周鸿祎对腾讯的猛攻赢得了大量互联网企业和网友的支持。此后的腾讯面临的是道路选择的问题。痛定思痛后的腾讯走上了打造开放生态体系的路子。有好的创新企业出来，便用投资入股的方式与企业合作共赢，打造腾讯生态体系，通过合作共赢的开放体系实现双方共同成长，从而最终成就了今天的腾讯。

2017年6月，在香港举办的首届粤港澳大湾区论坛上，顺丰创始人王卫还谈到了腾讯的这次转型。王卫说，“我的一念之差，造成了顺丰和腾讯千亿和万亿市值的差别”。王卫说，他和马化腾的差别，“就好像星期六我一个人骑自行车，但马老板每天30个人一起爬山，圈子就不一样了”。

“现在我告诉大家，念头的区别很重要，开放和保守是有很大差别的。”王卫指出，如果企业的管理者故步自封，不与人合作交流，未来这家企业会被边缘化。

作为中国制造企业全球化的代表，从一家小公司成长为全球行业领袖，华为本身也经历了持续的变革过程。华为重视研发，强调组织创新，不断对组织架构和管理模式进行调整，以此来适应全球化竞争的需要。

陈春花教授认为，今天的企业管理者必须有能力激活组织和个体。比如，要勇于打破企业内部的平衡，要建立新的激励机制，要鼓励员工试错等，让公司成为能够包容失败的公司。

当年王卫费了九牛二虎之力，经过了数年的努力，才实现了将加盟制改为直营制。但是事物都具有两面性。2000年以后，随着“阿里系”等电商快件的井喷式增长，顺丰以商务件为主的业务模式面临市场份额被挤压的风险。

顺丰的直营模式决定了它很难与“通达系”去打价格战。同时随着中国农村市场的崛起，“从城市转战农村”成为民营快递企业的普遍选择。但农村相对来说地广人稀，不像城市那样能够迅速实现规模效应，所以业界普遍认为，以加盟的方式进入农村快递市场是比较可行的办法。如果采用直营模式，收入很可能覆盖不了成本，会形成成本和价格的倒挂，也就是说网点铺得越多，企业亏损得就越多。

以宅急送为例。自2013年起，宅急送地县级网点全部采取加盟模式，地级以上的平台仍然保持直营模式，也就是“深度平台直营+取派末端加盟”的模式。

2014年顺丰在内部设立了专项扶持基金，鼓励内部员工到华中、华西、华北的三四线以下乡镇地区开设代理站点。这意味着顺丰打破了单纯的直营模式，开始探索相对灵活的“直营+加盟”模式。顺丰在放开有限加盟的同时，依然对这些网点的服务质量有非常严格的要求，比如这些网点一定是只专营顺丰的业务，这些网点必须符合顺丰的操作规范，必须符合顺丰的场地布局、软硬件设施的统一管理标准。这是一种“有收有放”“统分结合”的管理模式，有些类似于我国改革开放初期的家庭联产承包责任制。

任何一项制度必须确保具有一定的灵活性和开放性。面对市场需求不断进行尝试和调整，才是正确的管理思路。

再来看另一家公司——7-Eleven，这是一家日本著名的零售连锁企业大王。2016年创造了近百亿元人民币的利润，在日本开有18572家连锁店。它基本没有自己的直营商店，也没有一家工厂是自己的，更没有一个配送中心是自己的，但仍然取得了成功，这是为什么呢？

其实，7-Eleven不仅是一家商店，更是一个具有互联网基因的共享经济平台。7-Eleven日本公司的全职员工虽然相对较少，但却建立起全球最有效率的共同配送系统，打破了制造商和企业之间的壁垒，也构建了跨越商品品类的框架。

7-Eleven是共享顾客的平台，也是共享信息、共享物流、共享采购和共享金融的平台。

从上述案例可以看出，任何一种管理模式都有其优劣势。适合自己的才是最好的。

美国科技思想家凯文·凯利说，今天的时代是一个“进托邦”，一切都在变化之中，一切都在进行之中。

维克托·迈尔–舍恩伯格和肯尼思·库克耶在《大数据时代》中说，“虽然我们可以塑造当下，但未来从过去的完全可预测转变为一块开放又原始、广阔而空白的帆布，所有人都可以在上面依据自己的价值，努力裁剪塑型”。

这就是今天这个时代最具魅力的地方，“一切皆变，一切皆存在”。可以肯定地说，顺丰的管理模式一定还会发生变化，也只有不断的变化才能够让顺丰基业长青。

方法论

从加盟制改为直营制，是顺丰发展历史上极为重要的一个事件。其对顺丰的历史意义重大，类似于康熙皇帝做出的削藩决定，成则迎来长治久安，败则江山社稷土崩瓦解。

顺丰的“削藩”改革可以为管理者总结出3个方法论。

一、改革要拿出蹚地雷阵的勇气

改革者向来行走在刀山火海的边缘，稍不留神就可能粉身碎骨，所以改革者必须集勇气、智慧、技巧于一身。

改革者，要有蹚地雷阵的勇气。世间的事最怕半途而废，一旦遇到阻力就退让或放弃，注定不会成功。一位优秀的企业管理者，必须有敢于处理复杂问题的勇气和能力。

王卫在“削藩”的过程中，面对人身安全的威胁，他没有退缩，仍然坚定地收回经营权并最终改革成功。这显示出其强大的勇气、魄力和能力。

著名管理学专家吉姆·柯林斯在他的商业畅销书《从优秀到卓越》中，提出了“第五级经理人”的概念，它是指在经理人能力的5层体系中，位于最高能力等级的经理人。

那么，最高等级经理人的特点是什么呢？吉姆·柯林斯认为，第五级经理人的显著特点是将个人的谦逊品质和职业化的坚定意志相结合。我总结为“谦逊+坚韧”。

观察成功的企业家，他们身上往往具备“谦逊+坚韧”的特点。

比如，王卫是一位极其低调的企业家，几乎没有记者曾经面对面地对他做过采访。再如，联想的创始人柳传志先生，在国内的企业家群体里，享有很高的威望。与之接触过的人都知道，柳老是一位很谦逊的人。但柳老做事非常有魄力，有毅力。他认准的事儿，一定要做成。柳老有句话——“困难无其数，从来不动摇”。还有一位企业家——褚时健，在84岁时二次创业，种植“褚橙”，成为“中国橙王”。褚时健坚韧不拔、绝不向命运低头的企业家精神，感动和激励着很多人。

二、要激活组织，激活个体

“激活组织”“激活个体”等观点源自北京大学国家发展研究院教授陈春花。她认为，今天这个时代，不确定性、不可预测性、多维性、开放复杂性成为常态。今天管理者的核心工作，就是要确保组织可以跟得上环境的变化，让组织具有驾驭不确定性的能力。

王卫推动顺丰从加盟制转向直营制，也是一次对组织的再造。其根本目的是提升组织的服务能力、服务效率，统一服务标准，进而赢得用户的信任和认可。收上来的是统一的管理权和产权，放下去的是基层快递员按件计酬的报酬权。

对于一家企业的管理者来说，每一次对组织结构进行调整，事前都应该考虑是否能够激活组织的活力、激活个体的动力，使组织变得更加强大，使个体拥有更大的成就感和更多的收益。

三、适合的就是最好的

不唯书，不唯上。不教条，不死板。树挪死，人挪活。就像海尔CEO张瑞敏说的，“没有成功的企业，只有时代的企业”。一家企业不能被教条所限制，要根据环境的变化，做出适应性的调整。

王卫费了九牛二虎之力，将加盟制改为直营制，但这绝不意味着从此以后顺丰可以躺在直营模式上睡大觉，一劳永逸，再不用改革。

中国的快递物流市场时刻在变化。电商件物流业务迅猛崛起，新的市场迅速涌现，新的交通工具正在普及。这就意味着企业必须时刻准备去适应环境的变化，去抓住新的市场，去利用最新的交通工具，去为用户提供最适合的服务。顺丰在面对农村市场的布点竞争中，灵活选择了发动顺丰内部员工去创业，并采用了加盟制的方式。这就说明王卫不是一个画地为牢的人，他能根据市场的变化去做制度上的调整。

因此，适合企业的制度就是最好的制度。企业也要具备足够的灵活性和适应性。当市场环境、用户心态、竞争对手、供应商等因素发生变化时，企业要及时对组织和产品加以调整，不断创新，不断迭代，才能基业长青。

第4章　战略

与菜鸟冲撞，所为何来

——顺丰的发展战略

“丰鸟大战”

英雄与英雄相遇，往往有两种结果，一种是惺惺相惜，英雄惜英雄；还有一种，就是“既生瑜，何生亮”。马云和王卫在2017年6月爆发“丰鸟大战”之前，一直被认为双方惺惺相惜。网上一直流传着一句话，说马云最佩服的企业家是顺丰的创始人王卫。

在一般人眼里，顺丰与“阿里系”之间，并不是竞争对手的关系，虽然谈不上你侬我侬，但至少不是对头。因此，2017年6月1日儿童节，顺丰和菜鸟“开战”的时候，让很多人倍感吃惊。

冰冻三尺，非一日之寒。“丰鸟大战”其实是双方战略上的一次冲撞。

2017年6月1日下午2时30分，“阿里系”旗下的菜鸟网络发布关于顺丰暂停物流数据接口的声明，称顺丰于2017年6月1日零点主动关闭了丰巢自提柜的物流数据信息回传系统。在2017年6月1日中午，顺丰又进一步关闭了整个淘宝平台的物流信息回传系统。

在声明中，菜鸟网络称，顺丰这一行为导致了部分商家和消费者的信息混乱，可能会造成商家和消费者的重大损失，并表示已经紧急建议商家暂时停止用顺丰发货，而改用其他物流公司。

对于此事，顺丰方面做出回应，称2017年5月菜鸟基于自身商业利益，要求丰巢提供与其无关的客户隐私数据。此类信息隶属于客户，丰巢本着客户第一的原则，拒绝了这一不合理要求，菜鸟随后单方面于2017年6月1日零点切断了丰巢信息接口。顺丰同时表示，“阿里系”平台已将顺丰从物流选项中剔除，菜鸟同时封杀了第三方平台接口，已对商家发货造成困扰。

菜鸟方面则声称，2017年5月31号晚上6点，菜鸟接到了顺丰发来的数据接口暂停告知，随后顺丰就关闭了自提柜的物流数据信息回传系统，然后菜鸟暂停了丰巢快递柜的电话数据端口。

总之，不管如何，双方已经暂停了数据的共享合作。

顺丰和“阿里系”爆发的这场“丰鸟大战”，立刻引爆了舆论场，成为快递行业和电商行业“核弹级”的大事。很快，为顺丰站台和替阿里说话的人形成了两大阵营。

顺丰和菜鸟大战之后，刘强东第一时间站出来支持顺丰。刘强东在微博上说，“我相信顺丰的品质、王卫的为人，现在公民发送的所有私人快递信息，不管是不是该平台的都被拿走，已经严重违法。公民的隐私信息谁来保护？呼吁有关部门调查”。刘强东将矛头直接对准了死对头“阿里系”，并且上升到了公民隐私权保护的高度。值得一提的是，京东与顺丰旗下的丰巢，早就已经有了业务对接。双方到2017

年6月份的时候，合作范围已经覆盖了13个城市，日均订单超过了5万单。刘强东在“丰鸟大战”后强调，京东将全面接入顺丰旗下的丰巢自提柜，双方的合作也将进一步升级。

腾讯也站到了顺丰一边。腾讯云发表了一条意味深长的微博，“腾讯云赞同开放的云计算理念，全力保障数据安全，更保障客户业务安全，腾讯云助力顺丰布局云端，无论多么重视顺丰的数据业务安全都不为过”。这段话看似与“丰鸟大战”无关，但在当时的敏感节点，腾讯支持顺丰的立场已经表露无遗。

网易董事局主席兼CEO丁磊，也公开表示支持顺丰。他说网易考拉海购、网易严选将与顺丰、丰巢升级现有业务合作。“顺丰是我个人十分尊重的企业，顺丰一贯以来对品质的坚持，为广大中国消费者带来了很好的物流体验，这与网易发展各项业务的要求是一致的，相信双方将为消费者不断带来惊喜。”

美团也表达了对顺丰的支持，并表示双方将加强合作，还特别提到认可顺丰的企业价值观。当然，很多的媒体也表达了对菜鸟的支持。有不少观点认为顺丰置用户利益于不顾，关停接口，伤害的是消费者和商家的利益。

可以说，“丰鸟大战”将中国互联网派系之间的矛盾暴露无遗，顺丰与“阿里系”的行为已经是不同生态体系之间的对立和对抗了。

命脉握在谁手里

回顾相关事件可以知道，菜鸟在诞生之初，顺丰其实是作为发起人参与其中的。菜鸟网络科技有限公司成立于2013年5月，是由阿里巴巴集团、银泰集团联合复兴集团、富春控股、顺丰集团、“三通一达”、宅急送、百世汇通以及有关金融机构共同组建的。

2015年3月，阿里巴巴集团COO、菜鸟网络CEO张勇在内部年会上表示，菜鸟正在做一家创新的、没有经验可循的企业。张勇强调菜鸟不是一家物流公司，菜鸟做的事情是通过成为仓储、快递、运输、落地配送等各环节企业的合作伙伴，获得更加清晰的业务场景，用数据让它们获得更好的生产能力。

马云曾经多次强调，阿里巴巴集团永远不做快递，菜鸟网络的智能骨干网建起来后，不会抢快递公司的生意。“因为我们没有这个能力，中国有很多快递公司做快递做得比我们好，但这张网可能会影响所有快递公司今天的商业模式。”

也就是说，菜鸟网络的建立，目的是要打造开放式、社会化物流的基础设施，建立一个能够支撑网络零售额的智能骨干网络。在马云的构想里，菜鸟是一个应用物联网、云计算、网络金融等新技术，为各类企业提供开放式服务的平台，是中国电子商务行业的基础设施。

菜鸟网络自身不从事物流，而是为物流企业的发展提供优质、高效、智能的服务。如果按照这样的一个目标，可以想象，菜鸟网络必然是要聚集各家的数据，打造一个信息平台。数据显示，截至2015年11月，中国超过70%的快递包裹，数千家国内外物流仓储公司以及170万名物流和配送人员，都在菜鸟数据平台上运转。

而在“丰鸟大战”之前，顺丰已经多次表现出了和菜鸟的距离感。

顺丰是中国民营快递企业的龙头老大。它在菜鸟网络之外，组建了自己的联盟来对抗菜鸟。2015年4月，顺丰联手申通、中通和韵达，共同投资5亿元，成立丰巢科技。2016年丰巢开始跟菜鸟合作，内容包括菜鸟提供消费者手机号信息给丰巢，丰巢反馈快递出入柜信息、丰巢网点推送等相关快递物流信息给菜鸟等。

在2017年合作续约的过程中，菜鸟提出，所有快递柜信息的触发，必须通过菜鸟裹裹，取件码信息无条件给到菜鸟，丰巢需要返回所有包裹信息给菜鸟，包括非淘宝系的订单。显然这让顺丰难以接受，双方的矛盾由此激发。

有人说，这是一场迟早要到来的战争，顺丰和菜鸟闹掰是迟早的事。

物流行业刚起步的时候，大家忙于抢地盘，比如仓库门店的布局。而发展到今天，已经进入了更重要的一轮争抢，那就是抢数据。菜鸟在物流上并没有大规模地做线下布局，重资产管理也不是它想要的。菜鸟最看重的其实是数据的控制权。马云希望大家把自己的数据贡献给菜鸟，由菜鸟来管理和控制。这对“三通一达”来说，或许难度并不大。毕竟它们已经高度依赖“阿里系”的电商件物流业务，而且大家彼此拿出信息共享，自己并不一定遭受损失。

顺丰的想法就不一样了。顺丰是民营快递的老大。顺丰的野心是做一家与美国联邦快递对标的国际一流的物流企业，而且王卫一直试图向产业链的上游进军，做顺丰自己的电商和新零售业务，所以顺丰显然不愿意把数据拱手让给菜鸟。并且，顺丰长期以来以商务件为主，也就是说，它主要的客户是B端的企业级客户。B端的企业客户与C端的普通用户不一样，它更看重服务质量，忠诚度也比较高，稳定性比较强。这也是顺丰敢于和菜鸟抗衡的底气所在。顺丰不像“通达系”那样严重依赖于“阿里系”的电商件物流业务。

大家都明白，从大的层面来说，未来谁能够控制数据，谁就能控制大局，谁就拥有定价权。所以在某种程度上“三通一达”的命脉握在阿里的手里。当菜鸟打通整个物流数据关时，不管是仓储还是运输、调度运力分配，菜鸟都拥有话语权。这是最要命的，也是顺丰所警惕的。所以“腾讯系”和京东、美团、网易都会站出来支持顺丰。

顺丰与菜鸟的“大战”，给顺丰造成了不小的损失。2017年6月2日，顺丰与菜鸟间的争端不断发酵，尽管顺丰方面声称不会影响自身业绩，但顺丰控股低开低走，午盘幅跌一度超过3%，全天总市值损失近30亿元。圆通快递微跌0.05%，韵达股份、申通快递上涨。这说明市场并不看好顺丰与“阿里系”决裂。

2017年6月3日，国家邮政局正式出马。国家邮政局网站发布《国家邮政局协调解决菜鸟顺丰数据互通问题》的文章，称6月2日晚，国家邮政局召集菜鸟网络和顺丰速运高层来京，就双方关闭互通数据接口问题进行协调。

双方表示，将从讲政治、顾大局的高度出发，积极寻求解决问题的最大公约数，共同维护市场秩序和消费者合法权益，并同意从6月3日12时起，全面恢复业务合作和数据传输。国家邮政局强调，近年来，电商与快递共同发展的良好态势来之不易，应倍加珍惜，希望上下游企业共同努力，携手共进，合力推动行业持续健康发展，为广大消费者提供更好的快递服务。

在国家邮政局的协调下，顺丰与菜鸟的这场大战，表面上平息了。但是，只要顺丰的战略目标与阿里的战略构想存在冲突，双方早晚还会爆发“战争”。

有专家分析，未来的商业最重要的价值就是“最后一公里”的数据，物流数据仅仅是其一，因为这些数据仅包含客户的地址和联系方式，而用户的画像数据、对用户未来的潜在需求的预测，这是商业竞争的核心，对此阿里和京东都在争相布局。

而菜鸟之所以重视顺丰的数据，就在于顺丰服务的是中高端用户。虽然顺丰在菜鸟的流量非常少，但手机、服装等高附加值品牌的快递业务，大部分选择的是顺丰，这些数据的价值远远比“三通一达”客户的价值意义更大。正是因为价值更大，顺丰才不可能轻易地把这些数据贡献出来。在顺丰看来，保护信息数据就是保护自己的命脉，顺丰绝不能将自己的命脉拱手交到阿里的手里。但是，作为同行的“三通一达”，已经与“阿里系”深度捆绑。市场一直担心，“三通一达”未来可能会深度受制于菜鸟，沦落为简单的运力，做纯跑腿的生意。“‘三通一达’很可能不会死于同顺丰的竞争，而可能沦为菜鸟的附庸。”

做自己的电商

顺丰与菜鸟的这场大战，将顺丰的雄心凸显了出来。

顺丰要将数据的控制权牢牢地掌握在自己的手里，不惜与“阿里系”决裂，背后隐藏的是王卫要将顺丰从产业链的下游向上游进发的战略雄心。王卫并不满足于只是做快递的生意。面对电商件物流业务的崛起，王卫一直在摸索做顺丰自己的电商业务。

2012年5月31日，由顺丰投资的电子商务网站顺丰优选正式上线。顺丰优选定位高端食品电商，提供生鲜配送，顺丰优选还进入农产品领域，建立了营销、基地整合、快速物流、末端快递配送的一条龙服务通道。

顺丰为什么要自己做电商业务呢?

自2010年以来，顺丰尝试做电商的步伐一直没有停止过。从定位食品和日用品的E商圈，到定位高端礼品的尊礼会，再到定位高端食品的电商平台顺丰优选，顺丰一路摸着石头过河，一直在向产业链的上游做尝试。

王卫有一个打造零售帝国的野心。顺丰不想为“阿里系”打工，但也不能坐视电商件物流业务的爆发而无动于衷，坐失良机。而且，顺丰强大的物流能力，在零售行业竞争中具有明显的竞争优势。尝试自己做电商，是王卫寻求突围的一种尝试。

顺丰最早布局零售，可以从2009年说起。2009年，浙江嘉兴分公司部分快递员借端午节之机，将当地的五芳斋粽子，推销给江浙沪一带的客户，货源来自数家嘉兴当地知名的粽子店。快递员在收派件时，派发了一些广告传单来做推广。由于在端午节，当地家家都有吃粽子的习惯，再加上顺丰包邮的吸引，销售业绩意外突破了一百多万元。之后顺丰用相同的办法，在中秋节卖月饼，在春节卖年货，还推销过大闸蟹，都取得了不错的成绩。2010年顺丰端午节销售粽子，销售额达到500多万元。

曾任顺丰优选CEO的李东起在接受记者采访时说，电商本质上还是零售业，客户接触电商的体验，主要与物流环节有关。消费者能感知的就是物流服务的好坏，而作为快递企业，天生具备上述资源优势。

粽子的热销，证明快递员卖产品是有天然的便利性的，这给了王卫极大的启发。2010年8月，顺丰E商圈正式投入运营，提供以食品为主、少量3C产品等的购物服务。顺丰旗下还有一个名为尊礼会的礼赠平台，销售各类消费卡、保健品、工艺品及节令商品，主要面向中高端商务人士。这两项业务，虽然并没有取得预想中的成功，但却是顺丰向电商进军的重要一步。据说王卫坚持认为电商是一个机会。在电商行业，国内第一波机会是做服装，如淘宝；第二波机会是做3C产品，如京东、苏宁；第三波机会则是做食品，目前仅有为数不多的竞争者，属于蓝海领域。

顺丰优选的上线就是基于王卫的判断和前期的探索。顺丰优选上线后，库存量单位（SKU）的数量为5000个到6000个，其中进口食品占到80%以上，平均毛利率在40%左右。另外20%以优质的国产食品为主，覆盖了母婴食品、营养保健品、粮油副食、酒水饮料等九大品类。上线后，顺丰优选每月销售额同比增长保持在50%以上。高峰时期，每天的销售额可以达到几十万元。不过在接下来的时间，顺丰优选并没有真正地爆发，未能承载和兑现王卫的电商梦想。顺丰优选的销售业绩并没有达到预想的结果。

顺丰有高管说，“我以为凭借顺丰的品牌，优选上线的成绩至少不是现在的样子，现在看整体投入要有一定的控制和节奏”。

顺丰的品牌效应并没有延伸到终端零售市场。归根结底，零售业和快递业是两个完全不同的行业。快递业讲究的是安全、快速、流程透明，而零售业的核心是提供好的商品和服务，本质上是产品本身，配送得再完美都不是零售业最核心的竞争力。

2018年1月，极光大数据推出了2017年全年移动互联网行业数据研究报告，其中有2017年12月生鲜电商App渗透率的排行榜及同比变化。

多点排名第一，是市场渗透率最高的生鲜电商，App渗透率达到0.7%，同比提升390.1%；京东到家排名第二，App渗透率为0.32%，同比提升34.4%；每日优鲜排名第三，App渗透率0.31%，同比提升331.9%；盒马排名第四，App渗透率为0.17%，同比提升696%；顺丰优选排名第九，App渗透率为0.04%，同比下跌8.9%。

以顺丰的市值和体量，顺丰优选这样的排名和App渗透率显然是不匹配的，这也证明了顺丰优选并没有达到当初所预想的目标。王卫曾说，“顺丰优选是一个不能失败的项目”，但结果该项目并没有成功。

有行业人士分析，顺丰做电商始终没能获得成功，根源在于每一家企业都有自己的基因。顺丰的基因是做快递起家，骨子里是劳动密集、技术密集和资金密集。顺丰在时效性和安全性方面非常完美。但零售行业完全不同，零售业需要的是供应链管理、对用户需求的准确把握、创新的营销理念和优质的售后服务，这些都不是顺丰擅长的领域。而且顺丰缺乏具有互联网基因的人才，如何与专业做电商的淘宝、京东竞争？电商行业是大佬聚集的高度竞争的领域，市场上已经有了淘宝、京东这样的大佬，要接受一家新的电商平台并不是一件容易的事情。

顺丰优选在历任掌舵人眼中，也是一块烫手的山芋。自2012年上线以来，顺丰优选频频换帅。2012年10月，上任仅5个月的刘淼突然宣布离职。随后，由顺丰集团副总裁李东起接任。2013年崔晓琦宣布加入顺丰优选，出任CEO。2015年5月，崔晓琪选择离职。随后，连志军接任，但2016年3月连志军也离职。

顺丰向产业链上游进发之路注定不平坦。

差异化竞争

差异化战略是指将产品或公司提供的服务差异化，提供在全产业范围内具有独特性的产品或服务。波特认为，推行差异化战略有时会与争取更大市场份额的活动相矛盾。这一战略与提高市场份额，两者不可兼顾。但他认为如果差异化战略成功实施了，它就成为在一个产业中赢得高水平收益的积极战略。因为它建立了防御阵地来对付竞争对手。

今天，差异化竞争战略已经被广泛应用于市场竞争，很少有品牌会宣称自己将为全球70亿人服务。找到自己产品用户的清晰画像，专注于为这一类人群提供适合的产品和服务，成为品牌商的选择。在服装领域，优衣库、H&M、ZARA服务的人群，与LV、普拉达肯定是不一样的；在汽车品牌里，奔驰S级轿车与宝马MINI所要争取的顾客群体也是不同的。

在中国快递市场，顺丰与“通达系”的市场定位是不同的。顺丰的直营模式、高品质服务和高价格，决定了它很难与“通达系”去低价抢夺电商件物流市场。但面对电商件物流业务的井喷式增长，顺丰也不可能无所作为，坐以待毙。

对顺丰来说，进入电商快递领域最好的竞争战略就是采取差异化战略，即将顺丰的优势发挥出来，去吸引那些对时效性、安全性、服务品质敏感，而对价格接受程度比较高的电商用户。

比如2016年“双十一”期间，顺丰速运携手网易考拉海购，打造“双十一”购物新体验。网易考拉海购作为以跨境业务为主的综合性电商平台，一直主打自营直采、百分之百正品、天天低价的理念。“双十一”期间，网易考拉选择与顺丰进行快递合作。双方采用仓配一体化合作模式，从前期备货、订单预测到仓储物流模式准备、售后服务，全力提升用户体验，为考拉海购的用户提供了最快速的物流体验和最优质的售后服务。顺丰还与景德镇陶瓷市场商家进行合作。景德镇是中国著名的陶瓷生产基地，2007年顺丰就在景德镇设立了第一个网点。但景德镇陶瓷市场以生产中低档陶瓷的客户居多，电商类客户占了整个市场的半壁江山，且对价格敏感，因此顺丰在整个市场的收件占比一直徘徊在5%左右。

不过，自2017年以来，顺丰的市场占有率一直在稳步增长。顺丰的策略是什么呢？发挥自己的差异化竞争战略优势，重点突破大客户，切入中高端产品。2017年8月，顺丰赣北区出台了《景德镇陶瓷专业市场专项激励方案》，针对日均发件在100票以上的客户进行集中开发，前期共与30家大型客户达成合作意向，并与日升陶瓷、墨色陶瓷等9家大型客户签订合作协议。后续除了深挖合作客户的业务外，还要与其他潜在客户达成合作意向。

景德镇陶瓷电商市场一家标杆企业的总经理介绍说，“我们率先与顺丰合作，同时带动了十几家客户与顺丰合作。事实证明，顺丰的服务和品牌，无论是卖家和买家都非常认可，甚至‘双十一’顺丰的出货速度也非常快，我们做了1000万元的业务，其中60%都是发的顺丰”。

顺丰的一位管理层人士说，“客户想要的也很简单，就是同等质量比价格，同等价格比质量，由顺丰带来的客户体验和对于电商平台的发展方面的价值，远远高于客户多付出的快递物流成本，客户当然会选择顺丰，因为这些多出来的成本会被消化掉，但如果价格高出同行太多，那客户就要去衡量去算账”。

所以，一分价钱一分货。顺丰要确定自己的目标客户，并为他们提供精准的服务。

观察如今的电商网站，会发现一些商家会将“顺丰包邮”作为营销的卖点。针对的就是那些对快递服务质量有高标准要求的用户，以此作为差异化竞争的卖点。而且随着消费升级，会有越来越多的用户选择顺丰包邮，选择更优质的快递服务。

在手机快递市场，顺丰也占相当大的份额。顺丰包邮在这些领域占有明显的竞争优势。

2013年11月，顺丰针对天猫、淘宝、聚划算等“淘宝系”电商平台，推出了名为电商特惠的新型业务，业务范围涵盖中高端电商市场。顺丰电商特惠在价格上更具竞争优势，同城单的首重价格比普通快递低4元。顺丰电商特惠，还提供发件时系统对接、电子称重、逆向物流、派件时预约派送及售后定制化账单等便捷服务。

顺丰在性价比上尽量做到物有所值，在保持高质量服务的基础上，去吸引更广泛的中高端电商客户。

方法论

顺丰与菜鸟的大战，顺丰布局自有电商，向产业链上游进发，以及针对电商件物流业务采取差别化的竞争战略，为企业家和创业者提供了3个方面的经验。

一、企业必须将核心命脉紧紧攥在自己手里

对顺丰来说，数据就是它的命脉。2017年6月1日爆发的“丰鸟大战”，导火索就是对数据的争夺。

对菜鸟来说，要构建开放式、社会化物流的基础设施，建立一个能够支撑网络交易的智能骨干网络，必然要求集合各家快递公司的信息数据。只有将数据整合在一起，才有利用价值。而一旦菜鸟掌握了这些数据，就意味着菜鸟对快递行业拥有某种程度的控制权、议价权。

对顺丰来说，手里掌握着中高端快递客户的信息数据。顺丰不愿意像“通达系”一样沦为电商平台的跑腿员。顺丰在菜鸟网络之外，组建了自己的联盟来对抗菜鸟。2015年4月，顺丰联手申通、中通和韵达，共同投资5亿元，成立丰巢科技。王卫的雄心绝不是为别人打工，而是要构建自己的物流帝国，所以“丰鸟大战”关乎数据这一命脉，顺丰不愿意让步，菜鸟也不愿意妥协，于是有了双方的公开决裂。宁可决裂，也绝不在命脉上让步，顺丰的做法可以理解。

以中国手机市场为例，由于在芯片技术上的落后，中国手机生产商的

命脉其实攥在芯片生产商的手里。在没有实现芯片自主化的情况下，上游供给什么企业就只能选择什么，如果产品质量好，还算幸运，如果不好，那企业也只能打碎了牙往肚子里咽。

二、向产业链上游进军

顺丰的快递业务非常成功，但王卫并不满足于顺丰只做快递，他一直在推动顺丰向产业链的上游进发，做线上的电商业务，做线下的零售店面，打造一个零售帝国。自己尝试做电商，是顺丰寻求突围的一个重要步骤。

2010年8月，顺丰E商圈投入运营，提供以食品为主，兼顾少量3C产品等的购物服务；顺丰旗下又推出尊礼会的礼赠平台，销售各类消费卡、保健品、工艺品、节令商品，主要面向中高端商务人士；2012年5月31日，顺丰优选上线，定位高端食品电商，提供生鲜配送。顺丰一路摸着石头过河，向产业链的上游进军，虽然到目前为止上述尝试都不能说取得了成功，甚至可以说是屡战屡败，但这种尝试仍然是必要的。

一位业内人士说，顺丰做电商尝试是必要的，一方面是培养自己的人才；另一方面，即便顺丰想服务好电商平台，也需要自己先积累做电商的经验，只有真正了解了电商是怎么运营的，才能够为电商平台提供匹配的快递物流服务，以便将快递的主营业务做得更好。

对很多企业来说，把一件事情做好后，确实会面临着“向左走还是向右走”的问题。是专注于主营业务，将护城河挖得更深更宽？还是向产业链的上游进军，做多元化的布局？不同的企业做出了不同的选择，孰优孰劣很难一概而论。有不少企业向产业链的上下游布局折戟沉沙。比如做房屋交易信息发布的平台，开始建立自己的线下门店，雇用大量的经纪团队去做房屋交易业务，或者收购大量的房产，去做租赁业务，将资产变重，最后却失败了。

从实际案例来看，企业跨领域转型是非常困难的。一家公司的“基因”往往决定了这家公司可以做什么事，所以企业向产业链的上下游拓展时一定要谨慎。

三、采取差异化竞争战略

被誉为“竞争战略之父”的美国学者迈克尔·波特，提出了差异化竞争战略。

美国营销大师特劳特曾经提出定位理论，其核心思想也是采取差异化的竞争战略，通过开创一个新的品类，用其去占据行业第一的位置，并将其品牌形象植入用户的心智。

王卫在2011年接受《人民日报》采访时，曾谈到顺丰为什么会选择差异化竞争策略。他说，“中国民营快递是先有了儿子才拿到准生证。顺丰20世纪90年代开始做快递时，也是违规经营的‘黑速递’。按当时的规定，被邮政部门逮到就要受罚，我们装卸快件都得偷偷摸摸。因此，虽然不缺市场需求，但是谁也不知道过了今天，明天还能不能在这行干下去。那时候大家都差不多，不敢怎么投钱，也不敢想太长远的事”。

王卫说，1998年起顺丰提出差异化经营，十几年来也不是一直顺风顺水，比如将加盟网点收回直营之后，就遇到很多麻烦。当时一个加盟网点就是一个小王国，在人事和财务管理上都存在很多隐性问题，他们既要保证平稳过渡，又要根治这些问题，压力非常大。从2003年顺丰提出全国直营模式，直到2008年他们才算是初步完成这一目标。

王卫说，“服务质量提升是周期性很长的过程，有时候要经过5~10年，甚至更长时间效果才能显现，所以有了目标之后，坚持也很重要。顺丰这十几年一直坚持走差异化发展路线，现在看来，这条路是选对了”。

今天几乎所有的商品都有自己差异化的品牌定位。顺丰的品牌形象定位于中高端的快递业务，尤其在商务件上具有竞争优势。将这样的品牌形象渗入用户的心智，当公司有商务件的快递需求时，自然而然就会想到顺丰。

网易考拉海购这样的跨境业务综合平台，主打百分百正品的理念，吸引的是新中产阶层。网易考拉海购愿意选择顺丰作为合作机构，以提升用户的体验，树立网易考拉海购的品牌形象。

在汽车品牌中，奔驰所做的品牌宣传，经常会出现这样一些词：引领天下之势、伟大、新巅峰、登峰造极、汽车发明者等；而宝马的品牌宣传中，经常会出现：驾驰之悦、敢作敢为、动力澎湃、时不我待、创变领袖等。通过这些词语，不难看出双方在品牌定位上的差异。

面对差异化竞争的时代，不少企业会根据不同的用户需求打造多元化的品牌。比如中国著名的家电企业海尔，旗下有卡萨帝这样的高端家电品牌，也有统帅这样的针对崇尚个性、时尚、简约生活方式的年轻消费群体的品牌。不同的品牌针对不同的消费群体，制定不同的价格，设计不同的产品，制定不同的市场推广策略，进而有针对性地赢得目标客户群体。

德国营销学专家沃尔夫冈·谢弗在《品牌思维》一书里说，品牌有3个重要功能：意味着质量保证，有自己独特的标识，是一套完整的架构。品牌不再是一个徽章，它变成了构建自我认知、自我认同的“积木”，甚至构建了我们的整个世界。

第5章　创新

布局OMO，打通线上与线下

——顺丰的商业创新

嘿客与无人货架

O2O，即Online To Offline，是前几年非常火爆的一个概念。它是指将线下的业务与互联网结合，让互联网成为线下交易的平台。这个概念来源于美国。2013年，中国本土O2O进入了快速发展阶段。国内几乎所有的电商、线下零售平台都打出了O2O的概念。比如上门按摩、上门送餐、上门生鲜、上门化妆、滴滴打车，等等。在北京望京有“扫码一条街”，在O2O概念最火爆的时候，每天人声鼎沸，各种扫码返利活动甚至滋生了类似“黄牛”的“扫码党”，投资人投入的大量资金都被“扫码党”吸走了。

2017年以来，OMO（Online-Merge-Offline）成为新的流行词。OMO商业模式是一种行业平台型商业模式，通过在线分享商务、移动电子商务、线下商务的有效聚合，打造线上—移动通信终端—线下三位一体全时空的体验店营销系统。

中国创客导师李开复曾在演讲中说，O2O是线上到线下，OMO是线上与线下混在一起了，OMO是互联网下半场的一个重要机会。

不管概念如何变迁，线上线下的互动融合是大势所趋。在王卫的心中，不仅有一个快递之王的梦，他还希望打造一个零售帝国。有顺丰高管说，王卫是危机感很强的人，3个月没有创新和变革，就会让他有危机四伏的感觉。

王卫说，“快递行业是一个比较辛苦的行业，一线收派员同事的日常工作尤其辛苦，如果我们不能从出卖劳动力赚钱的传统模式中解放出来，那么顺丰就不算真正蜕变成功。我真的不忍心看到我们的员工过于奔波，过于辛苦”。

因此，顺丰进入O2O领域也就在情理之中了。

在线上方面，顺丰一直在进行探索。2010年8月，顺丰E商圈投入运营；2012年5月31日，顺丰优选上线。

在线下方面，顺丰对“最后一公里”的探索从未停止，嘿客便利店是最典型的代表。2014年，顺丰正式在全国铺开名为嘿客的便利店，首批共518家，从而大举杀入国内火热的O2O市场。嘿客便利店除了可以提供快递物流业务、虚拟购物服务外，还具有ATM、冷链物流、团购预售、试衣间、洗衣机、家电维修等多项业务。

嘿客很多功能是基于顺丰快递物流的优势，比如顾客不用支付货款，即可向商家预约，待商品到店并进行体验后再购买，无论购买与否，配送费用均由顺丰承担；顺丰还通过已有的冷链物流，在消费者购买水果、粽子等生鲜品类时，提供上午下单、下午送达的配送服务。然而，嘿客在全国落地后，并没有达到预期效果。

消费者对嘿客的抱怨主要有以下几个方面：嘿客对售卖产品种类的选择毫无逻辑；嘿客对于社区中不善于网上购物的中老年客户来说，购买过程太过复杂；嘿客店中的服务人员培训不到位，缺乏零售经验等。擅长网购的年轻人，不会去嘿客并使用店里的工具网购；而不会网购的中老年人，直接在社区就近的商场、超市、菜市场就可以买到商品，也没有动力再跑到顺丰的嘿客店里去网购操作，嘿客并不能够为他们带来便利性。

顺丰借壳上市的鼎泰新材披露的财报数据显示，顺丰已剥离的业务板块，自2013年到2015年分别亏损了1.26亿元、6.14亿元、8.66亿元，共计亏损16.06亿元。而报告称亏损主要是顺丰自2014年开始集中铺设线下门店所致。

有评论说，“神一样”的快递之王，却在零售行业遭遇了滑铁卢，说到底还是因为“基因”不同。顺丰是做快递起家，快递讲究的是安全、快速、流程透明、成本可控、服务标准化。但零售行业却并非这样。零售看似简单，实则复杂，对供应链、消费心理、消费体验把握的能力要求极高。

顺丰缺乏零售行业的经验。在线上，顺丰要面对“阿里系”、京东、拼多多、苏宁这样的巨头。某种程度上，线上零售是靠价格战烧起来的。这对顺丰来说和做快递的逻辑完全不同。线下零售方面，社区便利店的生命力在于即时消费，所见即所得，快。哪怕价格比周围的沃尔玛等大型商超高一点，居民也能够接受，尤其是年轻人。买包烟，买瓶饮料，随手的事儿，或者打个电话便利店的员工就直接送上楼了。而嘿客的模式，却是让消费者跑到店里进行网购，既没有社区便利店即时消费的优点，也失去了随时随地网购的便捷性。这就是顺丰嘿客的尴尬。

2016年下半年，顺丰嘿客已经被改名调整，与线上顺丰优选合体。

2017年下半年，无人货架成为新的风口。2017年11月，顺丰宣布推出无人货架品牌丰e足食，切入办公室无人零售领域。这是顺丰再一次发力零售业务。据顺丰称，丰e足食在深圳开始试运营，一周的时间铺设网点突破了一千个，覆盖深圳所有区域。

顺丰做无人货架，就是要利用顺丰在供应链、仓储、物流等方面的优势，抢占无人货架的风口。“我们希望能够抢占这样一个高频的线下流量入口，实现往线上导流，将有助于盘活顺丰各项商业资源，形成一个完整的商业闭环。”顺丰无人货架相关负责人表示。

顺丰做无人货架的模式，是以顺丰各网点划分的区域来将写字楼进行切分，每个顺丰小哥分管一个片区，每天进行商品补充，并及时记录产品的消耗情况，再由系统智能化地为各个货架补充货物。其中，会运用到大数据和人工智能技术，通过对消费数据进行分析，平台为各个货架贴上标签，以后即便有新货，也会有选择性地按照标签将货物分配给不同的货架。

顺丰做无人货架有两个优势：一是基于物流配送，顺丰小哥本身就和客户有非常密切的合作，有信任基础；二是高频的派送来往和补货服务，在控制货物盗损上有优势。

然而，无人货架这阵风潮事后被证明也是昙花一现。在无数玩家砸了一堆钱之后，只留下一地鸡毛，孤零零的无人货架上摆放着过期的无人打理的商品，成为中国创业创新领域的另一个泡沫案例。顺丰的无人货架布局在行业的热潮过后，也寂静无声了。

农村物流

如果说中国革命是“农村包围城市”，那么电商和物流就是“城市包围农村”。

顺丰在2016年的财报中介绍，为使员工或服务人员能较好地兼顾家庭和工作，自2014年起，公司鼓励内部员工在家乡设立基层代办点，就近就业。

截至2016年年底，通过就近就业方式，顺丰合计开设乡镇代办点2400多个，覆盖近9000个乡镇。顺丰乡镇代理实际上是非直营模式。乡镇承包者想要创业，必须先和顺丰解除劳动关系，团队需要承包者自己去招聘，而承包者大多数是之前其他成熟地区的顺丰员工，对于顺丰物流行业的工作流程和服务标准比较熟悉。这就意味着顺丰在攻占乡镇市场的时候，采取了加盟制战略，事实上打破了顺丰之前的全直营模式。

顺丰在乡镇采取加盟模式，最核心的出发点还是迅速跑马圈地。农村地区不像城市，地广人稀，不容易像城市那样实现规模效益。而加盟模式属于轻资产模式，顺丰不需要投入大量的资金来建立营业网点、购买车辆设备、雇用人员等，就可以实现在农村地区的快速扩张。

选择进入农村市场，不仅是顺丰的选择，也是“阿里系”、京东、苏宁等电商，以及“通达系”快递公司共同的选择。商务部发言人曾公布一组数据，2016年中国农村网络零售额达8945.4亿元，占网络零售总额的17.4%，其中中西部农村网络零售额达3284.6亿元，平均季度环比增速达16.6%，高于东部农村增速3.2%。

中国的电商和快递公司向农村下沉，向中西部下沉，就成为大势所趋，也是争夺市场红利的必然选择。

在农村地区，电子商务公司的刷墙广告随处可见。比如“发家致富靠劳动，勤俭持家靠京东”“老乡见老乡，购物去当当”“走亲访友用淘宝，不用再往县城跑”。伴随着电子商务公司下乡，快递公司下乡也就成为一种必然。没有快递公司作为支撑，电子商务公司也不可能真正进入农村市场。

2013年8月，国务院印发《关于促进信息消费扩大内需的若干意见》，指出要拓展电子商务发展空间，完善智能物流基础设施，支持农村、社区和学校的物流快递配送点建设。2014年1月，国家邮政局宣布启动快递下乡工程，推进快递西进工程，鼓励快递企业加快农村和中西部地区的网络布局和基础设施建设，尽快让广大农民享受到网购服务。也正是在这样的背景下，快递企业加快了“上山下乡”的步伐。

加快布局农村市场，是顺丰打通O2O“最后一公里”的必然要求。如果顺丰没有在农村市场布局，是无法做到线上与线下真正融合的。只有把覆盖的广度做上去，顺丰的快递业务，以及近年来成为新增长点的冷运、重货业务才有更好的支撑点，顺丰从单纯的快递公司成长为综合性物流企业的愿景才能够实现。

收购“落地配”

2014年是顺丰创新力度最大的一年。

2014年6月，顺丰以增资的方式，低调收购了北京青年报下属“落地配”企业小红帽，成为其第一大股东。紧接着顺丰以3500万元占股40%的方式，在2014年7月拿下了第二家“落地配”企业深圳银捷速递。2014年8月，顺丰再次出手，收购了四川星程宅配物流有限责任公司。

顺丰为什么会如此密集地收购“落地配”企业呢?

“落地配”由落地分拨、同城和地县转运、入宅服务三大要素组成，主要以开箱验货、半收半退、夜间送货、试穿试用、送2选1、代收货款、退货换货等业务的入宅服务为竞争亮点。“落地配”这个词，从字面上理解就是货物在到达城市落地后，由到达城市的物流公司实施配送操作，即完成最后一个配送流程。

“落地配”和快递业务是有区别的。“落地配”是基于为电子商务配送、代收货款业务而发展起来的，更注重精细化和专业化运营；而快递则需要通过扩张自己的网络来拓展市场，因此注重的是规模化。“落地配”对送件比较重视，而快递重视的是取件。

顺丰在2014年密集收购“落地配”企业，有以下几方面的考虑。

当时是收编“落地配”企业比较好的时机。有业内人士说，“落地配”是一张松散的网，一旦在资本驱动下和有实力的平台整合下，将是中国物流业的一匹黑马。收编时机，一定是在业务下滑，行业竞争加剧的时候”。2014年，传统的B2C物流业务陆续下滑。凡客诚品等以零售为主的垂直电商平台进入寒冬，京东、唯品会等综合性电商纷纷自建物流，减少了与“落地配”公司的合作，“落地配”公司的发展正处于低谷，此时正是收购的最佳时机。

“落地配”对顺丰的O2O业务也有价值。通过整合“落地配”企业，将对顺丰的线下零售业务提供供应链服务。供应链是零售业态的灵魂所在。“落地配”企业在仓配上的优势，可以转化为零售业态的竞争优势。

通过收购“落地配”企业，还有助于顺丰的区域市场拓展和布局、冷链物流开拓以及大数据收集等业务。2014年，菜鸟陆续整合冷链物流平台，成功推动了所谓二段式冷链物流配送。如果顺丰成功整合“落地配”企业，将冷链物流网布局完善，那么顺丰的冷链物流业务将得以顺利发展，并将支撑顺丰的冷运业务迅猛增长，成为顺丰新的利润增长点。而且多年从事B2C配送服务的“落地配”企业，积累了重要的C端用户数据。这些数据在精准营销的时代，拥有较大商业价值。如果能够将顺丰的快递优势与“落地配”企业的优势相结合，掌控“最后一公里”的优质资源，打通线上与线下，将使顺丰的大物流能力变得更为强大。

智能快递柜之战

近几年，在城市的居民小区，智能快递柜突然风靡。在一线城市，一个小区里甚至安放了两三家不同公司的智能快递柜。

在市面上，有速递易、丰巢、易邮柜、中集e栈、日日顺乐家等快递柜品牌，京东也在布局智能快递柜业务。

2015年6月6日，顺丰、申通、中通、韵达、普洛斯5家物流公司宣布共同投资5亿元成立丰巢科技，其中顺丰持股35%，申通、中通、韵达各持股20%，普洛斯持股5%。丰巢法人代表为顺丰总裁王卫。这意味着，以顺丰为主导的丰巢智能快递柜正式面世。

2017年1月，丰巢快递柜宣布获得25亿元A轮融资，本轮融资由鼎晖领投，国开、钟鼎、熠遥跟投。融资完成后，丰巢将在一、二线城市加速拓展网点布局，强化已有的资源优势。

大家为什么不谋而合地看好智能快递柜业务呢？

一方面是智能快递柜在解决“最后一公里”上效果显著。对快递员来说，最怕的是敲了家门，户主却不在，白跑一趟。有了智能快递柜，如果遇到户主不在家的情况，把快递放在智能货柜里，发个短信或微信消息给户主，户主下班时手持手机扫描二维码或输入数字密码就可以取回快递，这大大节约了快递员的时间，减少了重复劳动。对快递公司来说，这也节约了物流成本。

根据国家邮政局的公开数据，2017年快递包裹从配送点到用户手中的距离约占整个货物运输路程的5%，却要花费约5个小时才能完成，占据了整个快递业务时长的45%，所以快递柜的出现极大缩短了“最后一公里”的配送时间，提高了快递员的配送效率。

另一方面就是中国快递行业的高速增长。国家邮政局的数据预测，

2021年快递业务量将超过950亿件。与此同时，一线服务人员劳动力成本却在不断增长，劳动力紧缺已经成为常态，智能快递柜作为补充劳动力的一种重要模式将成为大势所趋。

此外，智能快递柜能够承载的功能越来越多，在商业上具有重要的想象空间。

在丰巢的网站主页可以看到，丰巢宣称首创柜机自助寄快递，“24小时任性寄，格口计费更优惠”。丰巢致力于研发运营最优质的智能快递柜，破解快递“最后一公里”难题，服务于全行业末端快件运营，打造全方位开放、共享、自助的智能化平台。

有业内人士说，“智能快递柜通过解决快递‘最后一公里’交付痛点，获得庞大的高黏性用户群，作为社区服务最佳入口之一，快递柜线下设备连接人、连接服务，再延伸至社区生活服务等高度垂直的消费场景，逐渐搭建起社区综合服务平台，具备线下产品触达能力的优势”。也就是说，在社区O2O方面智能快递柜业务能带给人们更大的想象空间。

不过，梦想很丰满，现实很骨感。智能快递柜目前存在投入巨大、亏损严重的问题。

有业内人士透露，一个智能快递柜的成本大约为1.8万元到6万元。除柜子本身的成本外，还涉及进小区、写字楼的租赁费，快递柜的占地成本在0~8000元不等，此外还有安装成本、维护运营成本等。这还没有算上后期的维护、线路改造、与单位物业沟通等多个方面的成本。

而目前智能快递柜的营收主要包括以下几个方面。

一是向快递员收取派件费。也就是快递员使用快递柜投放快递时，需缴纳一定的费用，一般每件几毛钱；二是用户寄件收费；三是向用户收取超期使用费；四是广告业务收入；五是增值服务收入。

智能快递柜具有很强的扩展性，可以增加冷藏冷冻功能，还可以利用快递柜进行销售，比如以小区的大数据积累为基础，电商可以掌握小区居民米、油等生活用品的消耗率，并提前配送储藏，以提升物流和快递柜的效率和价值。

然而，目前大部分的快递柜还没有向快递员收费；而对用户来说，如果物品存储不超过24小时的话，也不用付费；因为用户取件的时间很短，广告投放并不理想，所以广告收入也属于聊胜于无。其他的盈利模式也还在摸索之中。

2017年8月，顺丰控股曾发布了一则向关联方转让参股公司深圳市丰巢科技有限公司部分股权的公告。顺丰控股的全资子公司顺丰投资向同为顺丰系旗下的明德控股，以人民币95181.6万元转让15.8636%的股权。交易完成后，顺丰投资持有丰巢科技的股权比例，从30.8636%转变为15%。

那么，顺丰为什么要左手倒右手的转让丰巢的股权呢?

据顺丰控股高管透露，“近几个月以来，竞争格局发生了很大的变化，较2月份更加激烈，丰巢科技的发展及投入的规模和速度将会加快，资本性支出会更高。考虑到对公司财务的影响，为了更好地达到平衡，管理层沟通以后，决定把一部分股权转移给大股东。转移后，顺丰控股将变为财务投资，丰巢科技可以更加独立地去做好战略布局。转移股权是基于对短期和长期利益的平衡”。

顺丰的这一行为和解释，实际上透露了丰巢本身仍然处于大笔投入的阶段，盈利状况并不理想。为了上市公司的财务情况，顺丰做出了股权结构调整的安排。顺丰控股2016年年报显示，旗下智能快递柜业务亏损2.36亿元。

尽管如此，各家巨头在智能快递柜业务的争夺上硝烟弥漫。2017年6月爆发“丰鸟大战”，引爆点就是智能快递柜的数据争夺。

菜鸟掌握了天猫与淘宝两大电商入口，也是电商快件主要的来源方，一旦与丰巢终止合作，就相当于切断了丰巢的货源，虽然京东表示全面接入丰巢，但体量依然有限。而从顺丰的角度来说，作为民营快递业界的老大，以及正在向综合物流巨头转型，都决定了顺丰不可能放弃对物流数据的掌控，也不可能将命脉交到菜鸟的手里。王卫从来不甘心于为他人打工，而是构想着打造自己的物流帝国和零售帝国。

智能快递柜，只是双方擦枪走火的一个导火索，背后的深层原因还是对未来行业主导权的争夺。而可以预见的是，围绕智能快递柜，未来必然会发生行业的兼并重组，竞争格局还将被“寡头”们改写。

方法论

顺丰做的线下尝试多数发生在2014年和2015年。

王卫曾经有一个内部讲话，认为2014年是顺丰成立20多年以来，创新变革最多的一年，成立了很多事业部，开展了很多新业务，同时业务总量也有一个爆发式增长，不过虽然业务创新很多，但是差不多有一半是不成功的。关于不成功的原因，王卫做了充分的总结和反思，这同时构成了顺丰的方法论。

一、你所以为的“经验”不是“宝”，很可能是一种“包袱”

王卫反思了嘿客线下店、顺丰优选等遭遇的挫折，他说，“在2014年对新业务的探索或是转型过程中，所有同事的态度、看法和自我转型的程度是我最看重的。我们没有从外部引进太多专业人才，而是把许多机会留给了内部员工，就是希望我们自己的员工能够尽快成长起来，多掌握一些适应变革需要的新技术，进而在新的机会当中让自己的事业更上一层楼”。

“但是在这个过程中，我觉得我们的很多同事背负的包袱太重了，限制了自己的发展。”王卫说，这个包袱就是，“过去我们是单纯地送快递，大家都习惯了这套思路和做法，不自觉地就把这一套做法套用到新的业务领域。我曾经对很多同事说，别把以前的经验当作宝，你所以为的经验很可能是一种包袱，我们进入一个全新的领域，都要有归零的心态。背负太多包袱，我认为是制约我们2014年新业务发展的重要原因之一”。

哈佛商学院教授克里斯坦森说，很多大公司陷入“创新者的窘境”，就是因为进入了“延续性创新”的路径依赖，看不到颠覆性的新技术、新产品正在诞生，或者看不上那些破坏性的新技术和新产品，最终却被新的公司颠覆了。

腾讯创始人马化腾说，越来越看不懂年轻人的喜好，这是他最大的担忧。

所以，那些创新能力强的企业家，都懂得轻装上阵，拥抱变化，持续学习，不断刷新自己，对新事物保持好奇心和谦逊的态度。

二、人才储备要做好，不打无准备之仗

王卫在反思2014年犯的一些错误时说，顺丰在探索新业务和转型时，没有从外部引进太多专业人才，而把机会留给了内部员工，希望自己的员工能够尽快成长起来，掌握一些适应变革需要的新技术。但是从结果来看，非常不理想。快递业务和电商业务、线下零售业务，本质并不相同。在快递领域做得非常好的高管，未必能够在短期内把零售业务做好。隔行如隔山，没有人才储备，不请专业的人士来做专业的事情，栽跟头其实是意料之中的事。

美国通用电气（GE）前CEO杰克·韦尔奇说，“每当GE遇到危机的时刻，我都会迅速召集一群最精明、最勇敢的人，我会从公司内部的各层次发掘他们，甚至有时从公司外面去请，然后充分利用他们的知识和建议。我要确定，房间里的每个人都会从一个不同的角度来看待

需要解决的问题，接着，大家会了解所有的相关信息，并就解决方案展开热烈讨论”。

杰克·韦尔奇说，“这样的会议几乎总是争执不休，给我提出的意见都很有说服力，但又各不相同。可正是从这些争论中，我找到了最好的决策。争论可以使有意义的问题浮出水面，迫使我们去向原来的假设挑战。在经历了这样的辩论之后，大家都长了见识，等下一次危机来临的时候，我们的准备就更加充分了”。

三、切忌自负

王卫说，“一直以来，我们引以为豪的顺丰文化，是一种尊重文化、一种包容文化。但是在一些新的业务领域，很多同事带着顺丰的品牌过去，却不自觉地流露出一种自负心态。这种自负让客户包括外面的很多人感到不舒服，给别人的第一感觉就是你是井底之蛙、夜郎自大。不是自信而是自负，这让我感到惊讶，也很疑惑，怎么顺丰培养出来的人会这样”。

王卫说，顺丰的很多新业务还都处于摸索阶段，应该很谦虚地去向别人学习，去跟客户探讨，而非自以为来自大企业就扮专家，让外界对顺丰留下不好的印象。

企业做大了，难免自负。很多在大企业里做久了的高管，会把平台的光环看作自己的光环，把团队的力量看作自己的力量，把传统业务的成功经验看作指导新业务的法宝。自负、自恋、自大是高管探索新业务或拓展新市场时最要不得的心态。就像王卫说的，你所以为的经验不是宝，很可能是一种包袱，如果意识不到这一点，带着自负和自大的心态去做事情一定会失败。

中国历史上非常著名的赤壁之战就是典型的案例。东汉末年，曹操带领大军在长江赤壁一带，与孙权、刘备的联军对峙。曹操的军队在数量上占有绝对优势，结果却是以曹操的失败而告终，很重要的一个原因是曹操刚愎自用。

实际上，智慧明达的将帅考虑问题，必然把利与害一起权衡。在不利条件下考虑到有利的因素，战事就可顺利进行；在有利条件下能考虑到不利的因素，祸患就可以及早解除。

优秀的企业家，应该做一个智慧明达的将帅，有“智者之虑”，时刻保持战战兢兢、如履薄冰的状态，警惕让自负和傲慢毁了基业。

四、做具有互联网思维的服务型企业

王卫说，顺丰要从单纯的快递物流企业过渡到具有互联网思维的服务型企业。所谓的“互联网思维”，具体到快递领域，就是公司的反应应该更快，组织应更加扁平化，而且能够根据客户需求不断迭代，随时随地改进服务。

王卫说，顺丰要转变为具有互联网思维的企业，所受到的冲击和挑战主要在于：以往顺丰提供的都是高度标准化的产品和服务，要想反应快，为客户的个性化需求提供更多的定制化服务，就必须改变顺丰原有的管理和操作模式。

王卫说，“千万不能只看自己所处的这个环节，而要考虑整个产业链；千万不要只看某一个产品，而应该考虑上下游与之相关的多个产品；千万不要只盯住你所服务的企业，更要观察消费者个人。并且在这一过程中，能够提供个性化的产品或服务，让客户去选择。”

五、靠出卖劳动力搬货不是顺丰的终极宿命

王卫说，快递行业是一个比较辛苦的行业，一线收派员同事的日常工作尤其辛苦，如果不能从出卖劳动力赚钱的传统模式中解放出来，那么顺丰就不算真正蜕变成功。

“有人问我，在公司转型过程中遇到的最大难题是什么？其实在我看来，最大的难题既不是公司30多万人的管理问题，也不是转型过程中的策略方向问题，而是在目前公司利润稀薄的情况下，如何才能在降低一线员工劳动强度的同时，又能够保证甚至提高其收入的问题。”

王卫说，正是出于这样的考虑，2014年顺丰做了很多增值服务方面的探索，就是想寻找一种新的业务模式来创造更多的效益，压缩一线员工工作的时长，降低劳动强度。但是有很多员工并未领会公司的战略意图。王卫向员工解释，靠出卖劳动力搬货不是顺丰的终极宿命。未来顺丰赚钱的模式要从手脚过渡到嘴巴，从体力转向脑力，从注重公司品牌形象转向开始重视员工个人形象，进而推动顺丰的业务实现质的飞跃。

第6章 探索

不仅做快递，更做“大物流”

——顺丰的新业务增长点

重货业务

2017年年报显示，顺丰新业务占收入的比重快速上升，重货、冷运、同城配、国际等新业务占收入的比重从2016年的9.9%上升至13.5%。

顺丰管理层曾在2016年工作报告中分析称，单一快递服务商向综合物流服务商转型成为行业的重要趋势。在传统快递业务基础上，顺丰将深入开拓“重货+冷运+医药+国际+同城+仓储”新业务板块，提供综合解决方案。其中，重货业务的表现非常抢眼。2017年顺丰重货业务不含税营业收入净额达44.02亿元，同比增长79.93%。虽然重货业务在顺丰的营收体系中所占比重并不高，但增速强劲，体量大。

2020年，顺丰快运、冷运及医药、国际等新业务板块保持高速增长，占总营业收入比例进一步提升至28.24%，同比提升2.61个百分点。其中，快运业务整体实现不含税营业收入185.17亿元，同比增长46.27%。全年整体零担货量同比增长超过70%，单日峰值货量达6.9万吨，同比增长103%；冷运及医药业务整体实现不含税营业收入64.97亿元，同比增长27.53%；顺丰同城业务实现不含税营业收入31.46亿元，同比增长61.17%；国际业务实现不含税营业收入59.73亿元，同比增长110.40%；整体供应链业务实现不含税营业收入71.04亿元，同比增长44.45%。

顺丰开始切入重货运输市场是在2013年。

为了满足客户寄递大件物品或重货的业务需求，顺丰在传统快递业务之外，开始为服装、电子、五金、家具等轻工行业的产品制造商、品牌分销商提供大件物品或重货的运输服务。在顺丰网站主页可以看到，有物流普运、重货快运、重货专运、重货包裹、小票零担等多种多样、品类齐全的服务。

顺丰的物流普运是为了满足发运大件或较重物品的需求而推出的经济型物流服务。时效承诺2~6天。顺丰物流普运的服务特性是价格经济实惠，部分线路低到每千克一元钱，适用于寄递大件物品，比如家电。顺丰负责提供门对门的服务，同时还提供送货上楼、货运保管、代收货款、保价、签单返还、委托件等增值服务。

顺丰的重货快运是为了满足紧急重货的需求而推出的直发机场、时效稳定、性价比较高的航空快运产品。顺丰重货快运的时效承诺是提供24小时内送达的标准时效和12小时内送达的加急事项，供客户选择。在收货和送货方面，可以做到一小时内上门收货，两小时内送货上门。重货快运的服务特性是利用了顺丰自有的航空资源，确保了时效的稳定性。在增值服务方面，重货快运业务提供加急、保价、代收货款、签单返还、包装服务、特殊入仓、委托收件、货物保管等服务。

重货专运是为了满足客户在相对固定地点发运整车货物的运输需求而推出的重货专运产品。重货专运的服务特性是时效快，通过点对点、点对多点的方式，实现货物完全直达，避免中转环节。重货专运支持个性报价，全程GPS监控，还提供串点、装卸包装、签单、返还等增值服务。

重货包裹主打20~100千克大件包裹类、仓店调拨类货物。在重货包裹的服务特性方面，顺丰强调“物流的价格+快递的服务”，可以覆盖全国绝大部分区域。

顺丰的小票零担主打100~500千克货物，是为了满足客户批量发货而推出的，兼顾价格与时效的经济型物流服务。小票零担的时效承诺是要根据寄件时间、区域来确定，最快能做到次日18点前送达。小票零担的服务特性同样主打“物流的价格+快递的服务”。

从顺丰的这些重货业务，不难看出有两个特点。

第一个特点，顺丰的重货业务品类丰富、齐全，展现了顺丰通吃重货全产业链的雄心。顺丰的重货业务，初期主要服务服装、电子、五金、家具、仪器、汽配等轻工行业的产品制造商和品牌分销商，后来不断拓展新的板块和领域。目前，顺丰面向B2C、C2C、B2B等多种客群场景，全程提供高品质上门上楼收派服务。顺丰30万名重货包裹收件小哥实现全国高密度覆盖，在客户发出寄件需求后快速送达收件地址，及时响应客户需求，并且加大对车、线、场的投入力度，实现城市到城市直达。对于特殊易损类重货包裹，顺丰快运配备了多样化车型，如叉车、吊车、码货机等包裹搬运工具，并且在包装上采用木架、木托等包装措施。顺丰管理层多次表态，未来重货业务将作为发展重点，以期将其打造成为顺丰新的业务增长点。这对于传统重货快运市场的商家来说，无疑是一个冲击。

第二个特点，在重货快运领域，发挥顺丰自身在“天网+地网+信息网”方面的优势，主打“物流的价格+快递的服务”，进行差异化竞争。

顺丰的物流普运部分线路的价格低到每千克一元钱，曾经在网上引起了不少议论。有网友惊叹，“一元钱，这还是顺丰吗？”“顺丰是要把德邦干掉吗？”行业里曾经有一句话，对快递公司来说，“不怕别家涨价，就怕顺丰降价”。顺丰如果从价格方面与同行进行竞争，那么其高性价比的优势就会凸显。

顺丰进入重货业务的突破口仍然是中高端领域。顺丰有关负责人表示，顺丰的重货业务领域重点在时效要求快的、质量要求高的配送市场，而非普通重货运送。与消费升级相关的重货配送业务很多，如C端的跑步机、电动车、高档家具等；如B端的给ZARA等快时尚公司提供配送服务等。

未来，顺丰重货板块的增长潜力还是非常可观的。2018年，顺丰旗下重货业务正式更名为快运业务，是顺丰重货业务的重要升级和里程碑事件。2020年，实现“20kg+”供应链全运输环节覆盖，打造零担快递化服务；服务范围实现全国所有省份全覆盖；2021年3月，推出大件仓配一体化业务，提供家具家电仓储、配送、安装的一站式综合服务。

快运领头企业德邦，创立于1996年，是著名的货运品牌，主营国内公路运输业务。2018年1月16日，德邦正式登陆A股市场，在上海证券交易所主板上市交易。德邦2020年总营业收入约为275.03亿元，同比增长6.1%；归属于上市公司股东净利润约为5.64亿元，同比增长74.39%。

顺丰发力重货市场，无疑会对传统霸主，比如德邦，带来压力。不过，快递企业向综合物流企业转型，已是大势所趋。一方面，传统快递业务增速逐年放缓，快递企业需要寻找新的利润增长点；另一方面，快运市场规模巨大，却缺乏巨头，进入门槛低。

而且，从国际物流业发展历程来看，大型快递物流企业向综合物流企业发展是趋势。在美国的大型物流企业中，近七成都在做跨界业务。中通、圆通、百世都在布局重货、快运市场，并努力提高B2B的能力。重货运输业务有助于传统快递公司为客户提供多样化、定制化服务，也有助于快递公司充分利用闲置运力资源，以降低整体运营成本。

冷运业务

顺丰冷运板块增长迅猛，成为顺丰新业务增长点的排头兵。

2019年6月，顺丰冷运荣登2018年度中国冷链物流百强企业榜首；2020年8月，顺丰冷运蝉联2019年度中国冷链物流百强企业第一名。顺丰冷运开通运营食品冷运干线143条，覆盖117个城市，727个区县，共2583条流向；开通运营26个食品仓，仓库总面积约15万平方米；拥有专业冷藏车17784辆。

顺丰取得了食品方面的国际化高标准DQMP的资格认证和《药品经营

许可证》《药品经营质量管理规范》《医疗器械经营许可证》，以及相关部门的全部认证及经营许可。顺丰服务的客户包括：麦当劳、双汇、顶新、哈药集团、华润三九、赛诺菲制药和广药集团等。

顺丰正式推出冷运品牌是在2014年。在整合了物流、电商、门店等资源的基础上，顺丰冷运为生鲜食品行业的客户提供冷运仓储、冷运干线、冷运宅配、生鲜食品销售、供应链金融等一站式解决方案。针对的客户包括食品企业、生鲜食材经营者、餐饮企业、生鲜电商等。

在顺丰的网站上可以看到，目前顺丰冷运服务板块主要由两大部分构成，一块是食品服务，另一块是医药服务。

在食品服务方面，内容包括生鲜速配、大闸蟹专递、冷运到家、冷运到店、冷运零担、冷运专车、冷运仓储等；在医药服务方面，内容包括医药常温、医药专递、医药商配、医药零担、医药专车、医药仓储等。

顺丰的冷运业务有四大竞争优势：一是有强大的陆运网络，在全国覆盖了51个城市，117条干线，2550个流向；二是有专业的温控技术，采用了进口冷机，可以做到双向对接、后台监控；三是有领先的仓储冷库，面积达20万平方米；四是有先进的系统管理，包括订单、运输、仓储、财务等多套系统，以保障运营、监控质量。

2017年，我曾探访了顺丰位于香港的冷链仓库。封闭的仓库中分布着各种不同温度的库房，零下18度的急冻区摆放着海鲜、肉类货物；0到4度的库房，摆放着水果、海鲜等产品。库房外的卸货、取货区也保持低温，以保证冷链的全程无缝对接。在不同温度的冷库中间穿梭，就好像从夏日炎炎的香港瞬间走到冰天雪地的哈尔滨。据工作人员介绍，香港的冷库并非顺丰一家，但顺丰的设备是最新的。该仓库投资近1亿港元，占地9000多平方米，像这样的冷链仓，顺丰在全国已经建了60多个。

顺丰冷运最出名的就是大闸蟹专递。媒体上有一句话，“有大闸蟹的地方就有顺丰”，这表明顺丰在大闸蟹冷运业务领域占据了绝对主导地位。

以阳澄湖大闸蟹为例，过去10年，顺丰在大闸蟹项目上有了巨大的进步。从2008年到2010年，顺丰只有一个网点，揽收阳澄湖大闸蟹，采用竹篮或者泡沫箱包装；到2011年揽收网点增加到4个，成立了阳澄湖大闸蟹临时中转站。

2014年，顺丰升级阳澄湖大闸蟹中转场，并配载大闸蟹专机，设立地区大闸蟹客服专线；2015年，投入自有冷藏车，改良大闸蟹包装；2016年，全面推广塑封膜包装，实行大闸蟹预冷，投放移动冷柜，使大闸蟹的存活率提升了30%，还投入波音B-767宽体全货机，客服驻场操作。

正是由于顺丰在大闸蟹冷运上不断加大资金投入力度和提升服务质量，“十蟹九顺丰”才成为事实。2017年，除了阳澄湖大闸蟹外，顺丰在武汉、合肥、南昌等城市相继举行大闸蟹行业解决方案推介会，楚蟹、赣蟹等品牌全面开花，顺丰大闸蟹项目在全国不断推进。

顺丰冷运在医药服务领域也在不断提升服务质量，扩大市场，比如疫苗运输。2017年3月，顺丰冷运帮助沈阳一客户运送疫苗。这是顺丰的第一个疫苗客户。对客户来说，最看重的是温控能力，因为疫苗的运输要求全程不脱温，2~8℃的车厢温度是大多数疫苗所要求的。一旦在运输途中温度出现异常，疫苗就会产生不可逆的后果。客户曾经与许多物流供应商对接，但都很难达到疫苗运输所要求的服务能力，这为顺丰冷运的介入创造了机会。经过几个月的磨合，顺丰完成了疫苗运输的任务，赢得了客户的信任，也获得了可观的回报。今后国家对疫苗及其他药品的运输要求，只会越来越严，这对顺丰冷运的发展来说是一个利好。

此外，医改"两票制"对顺丰冷运来说也是一次机会。2017年医改十大政策之一就是"两票制"，即药品从药厂卖到一级经销商开一次发票，经销商卖到医院再开一次发票，以"两票"替代目前常见的"七票""八票"，以减少流通环节的层层盘剥，并且每个品种的一级经销商不得超过两个。有专业人士分析说，"两票制"将颠覆现有的医药运输体系。由于开票次数受到严格限制，药品购销资金流、票流大为缩小，企业委托储存运输药品的需求骤然增加。物流企业都在争抢这块蛋糕，顺丰也在为医药行业寻求解决方案。

目前在医药服务方面，顺丰提供精温专递、精温定达、精温定航、精温整车，以及医药仓储等多样化的服务；具有第三方医药物流资质，支持门诊药房、药店、商业RDC（区域配送中心）等多模式配送，全程可追溯；可以提供药品、原料药、医疗器械等货物的冷库存储、流通等一体化医药仓储服务。

未来，中国冷链物流市场的发展空间还非常大。

与发达国家相比，中国内地冷链运输市场仍在发展初期。在美国，冷链物流除对温度有严格要求以外，在时间方面也有严苛的标准；在分工方面，美国对冷链物流的分工也异常明晰，各个环节都有明确的职责。运输方只负责确认司机，仓储方只负责卸货，维修公司只负责抢修。长时间积累下来，各环节专业性极强。美国冷链物流的设备也很先进，如卡车卫星定位系统、远程控制平台、车载电脑等。而在中国，冷链运输仍属于贵族运输方式。我国生鲜行业发展缓慢，很大程度上受制于冷链运输，高成本导致收益降低，阻碍了其发展。而且我国冷链市场缺乏统一的标准，各地对于冷库车辆的规范化要求差异大，也使得标准化之路难行。此外，中国冷链人才的缺乏也较为严重。冷链人才除了需要掌握普通的物流技术之外，还需要了解制冷技术、与食品医药安全相关的知识以及法规。

顺丰冷运事业部高管曾表示，未来冷链的发展痛点在于如何解决高昂的物流总成本。能提供多渠道销售与线上线下融合，能满足客户端到端的配送需求，以及满足客户高水平的、定制化的到店及到家服务需求的企业，将会赢得市场。

实际上，目前在冷链领域已经是“军阀混战”，竞争异常激烈。

申通2016年就开始布局冷链业务，2017年5月成立上海申雪供应链管理有限公司，冷链成为申通重要的战略发展内容之一。2017年，圆通速递推出圆通冷运，通过“三大核心科技+六大服务标准”，打造鲜仓、鲜运、鲜配一站式冷链配送服务体系。中通推出了优鲜送服务，主要针对生鲜水果等具有较高时效及安全要求的产品，通过在揽收、中转和派送过程中的巴枪提醒，第一时间将产品转入下一环节，以最快的速度完成整个寄递过程。

在零售业变革日益深化的当下，冷链快递需求正在快速增长。线上电商平台与线下零售企业都在加快布局生鲜板块，这对冷链运输提出了刚性需求。冷链领域的商家也在逐年增多。快递业对冷链运输领域的投入，不敢有丝毫懈怠。

同城急送

2019年10月24日，深圳。

北方已是深秋萧瑟，南方依然繁花似锦。在塔吊林立的深圳前海，顺丰举办了顺丰同城急送品牌发布会，正式宣告顺丰同城急送品牌独立，全面布局即时物流市场。

即时配送市场是这两年物流行业最抢眼、最活跃、增长最迅猛的业态之一，既有美团外卖、饿了么等生活服务巨头背后的美团配送、蜂鸟即配，也有达达快送、京东到家、闪送等受资本市场青睐的小巨头。2016 年上线的顺丰同城急送业务，入局并不算早；但每年的复合增长率大于 100%，顺丰同城急送宣告品牌独立，对行业的发展意义重大。

没有即时配送，就没有新零售大爆发。中国的即时物流就是从送外卖开始的，然后从餐饮延伸到日用品、生鲜、药品、文件资料，从服务外卖平台、商超宅配的 B2C 业务延伸到同城跑腿的 C2C 业务，场景越来越多元复杂，使用频率也越来越高。

艾瑞咨询的专家提出一个观点，在传统线下零售时代，催生的是传统邮政物流模式；在电商零售时代，催生的是电商快递模式；在新零售时代，催生的是即时物流模式。今天的物流业已经走到了第三个阶段。

作为中国民营快递的老大，正在从快递企业向综合物流服务企业转型的顺丰，面对即时物流市场的爆发，绝不可能视而不见。2016年，顺丰进入即时配送市场，到今天已经成为即时物流市场不可或缺的力量。

就顺丰同城业务过去几年的表现来看，顺丰在即时配送市场是有机会打造“后发优势”，实现“后发先至”的，理由有如下几个：

一是顺丰同城急送站在顺丰这个巨人的肩膀上，生来就具有品牌势能、生态势能、资金势能和技术势能。这对那些专注于即时配送领域的企业来说，是典型的“降维打击”，其优势显而易见。

二是全场景，这也是顺丰同城急送非常独特的一个优势。不管是美团外卖还是饿了么，长期以来主要都是做送餐业务。而顺丰同城急送不一样，它是一家物流企业，既能送餐，也能送低频的贵重商品；既能服务长距离，也能服务短距离；既能服务B端平台外卖、商超宅配，也能服务C端个人跑腿业务。这种全场景的特性，显然有助于顺丰实现“强规模效应”，降低边际成本，并提高配送员的工作效率和收入。正因如此，在发布会上，顺丰同城急送的高管敢骄傲地说，“顺丰同城急送的业务场景更丰富，订单结构更健康，运力形式更多元”。这显然是背靠顺丰品牌的底气，也是对自身优势的客观描述。

三是独立性。顺丰本来就是提供物流服务的，服务的是所有有物流需求的客户。这种属性决定了其立场必然是中立的、开放的、可信赖的。对于大部分的商家来说，他们需要这样的中立的、第三方的即时物流企业的存在，让他们拥有更多的选择，让即时物流行业实现良性的竞争。同时，顺丰全业务线完整、高效、高品质，可以为客户提供一站式的物流服务，节省客户时间。麦当劳、必胜客、喜茶、永辉、优衣库、耐克、阿迪达斯等不同行业的头部品牌，目前都选择了与顺丰同城急送合作。

顺丰控股首席战略官、董事兼副总经理陈飞说，我国物流行业的发展正从高速转向高质，他们赶上了一个好时代，相信顺丰同城公司在顺丰向综合物流服务商转型的道路上，将成为一颗耀眼的新星。

杭州顺丰同城实业股份有限公司 CEO 孙海金也对顺丰同城急送未来的发展，寄予热切期望和持有乐观态度。他说，顺丰同城急送未来将延续顺丰集团的服务品质，在新的市场趋势、新的需求标准下，提供优质服务。

孙海金在发布会上提到了三句话，即顺丰同城急送要做本地生活即时物流首选服务商，个人优质生活服务探索者，同城快递升级优化迭代者。我认为这将令顺丰同城急送的发展出现“三级跳”。

第一句话是针对 B 端市场的，就顺丰同城急送业务占比来看，B 端占大头。服务 B 端更容易发挥顺丰供应链的优势，业务也更稳定、可预测。顺丰同城急送如果能用好顺丰的资源，做好全场景、多元运力的服务，发挥第三方中立和可信赖的优势，要成为本地生活即时物流的首选服务商并不是一件难事，而是大概率可实现的目标。

第二句话讲到的个人优质生活服务探索者，是针对 2C 市场的。在顺丰看来，C 端的跑腿业务将会延伸到各个板块和各种场景，而且这个趋势将会迎来大的爆发。顺丰的服务领域也有望从配送走向社区，走向各种各样的场景。

第三句话是成为同城快递升级优化迭代者，这是一个更长远、更有行业全局性的目标。从目前的趋势来看，即时物流对传统同城快递的影响越来越大，两者之间将迎来更大的融合改造并出现新的模式。一直以来，顺丰最大的业务就是快递，所以在业务创新方面，顺丰理所当然应该走在行业前列，主动探索，提供样本。

从未来大趋势看，即时物流市场的开放属性将迎来更广阔的发展空间。即时物流可以与快递、冷链、货运、前置仓结合，诞生全新的业务形态和供应链模式，彻底改变现有的业态划分和物流效率。

国际业务

顺丰一直有进军全球的雄心，不满足于国内市场。国际业务虽然在顺丰营收中所占比例不高，但这些年增长迅猛，成为顺丰业务增长的一个亮点。

顺丰2010年就开始积极拓展国际件服务。多年来，顺丰国际业务致力于为国内外制造企业、贸易企业、跨境电商以及消费者提供完整、便捷、可靠的综合物流解决方案。

2020年，顺丰国际业务实现不含税营业收入59.73亿元，同比增长110.40%，占总营收比3.88%，成为公司增速最快的业务板块。顺丰国际为客户提供全场景、一体化、自主可控的国际供应链解决方案，助力本土企业完成海外布局，协助海外品牌进行国内外拓展。顺丰携手嘉里物流完善公司一体化综合物流解决方案，补充和提高顺丰在国际货代、清关等方面的资源与能力，结合顺丰自有的国际货航资源与嘉里物流广泛的国际货运代理网络，进一步强化顺丰在国际跨境货运上的竞争力。目前，顺丰的国际服务涵盖了国际标快、国际特惠、国际重货、海外仓、国际电商专递、国际电商小包，以及海购丰运等。

国际标快是为了满足客户紧急物品的寄递需求，各环节均以最快速度提供发运、中转和派送的高品质门到门国际快件服务；而国际特惠是为了满足客户非紧急物品的寄递需求而推出的经济型国际快件服务，也就意味着时效性会弱一些，价格会低一些。

国际重货业务是为了满足客户寄递100千克及以上大重量物品至海外国家而推出的性价比较高的国际重货服务；海购丰运是顺丰速运集团旗下专业的海淘转运服务平台，致力于为海淘客户提供高效便捷的全球转运服务。

通过对上述业务的介绍，可以发现，顺丰国际业务进行了精准细分，针对不同客户对不同时效、重量和价格的个性化需求，提供不同种类的国际服务。

顺丰高管曾将顺丰布局海外业务的战略称为“远交近攻”。不同于国内市场采取重资产的模式，顺丰海外市场采取的是“轻重结合”的模式。在东南亚等近端市场，主要采取设立分支机构和自营网点的模式；而在远端市场主要采用与国际巨头和当地快递服务类企业合作的模式，互为代理，市场互换。

顺丰国际业务在连续多年的时间里同比增速都达到了70%以上，其中很重要的一个原因是“一带一路”倡议的推广。“一带一路”是快递物流公司“出海的大风”。

《快递业发展“十三五”规划》提出，鼓励重点快递企业以服务跨境电商，伴随国内企业境外发展等为契机，衔接境外物流体系，构筑立足周边，覆盖“一带一路”沿线国家，面向全球的跨境网络。

其中，跨境电商成为民营快递企业出海的重要抓手。海关总署统计数据显示，2020年中国跨境电商进出口额达到1.69万亿元，2021年上半年跨境电商进出口额达8867亿元。

随着“一带一路”倡议的提出，顺丰关于沿线国家的跨境电商包裹业务增长迅速。2016年“双十一”由顺丰承运的跨境电商包裹中，件量排名前6位的地区中有3个地区均为“一带一路”沿线国家。部分“一带一路”沿线国家对中国轻工品的需求，推动了跨境电商产业每年的增长速度超过30%。

顺丰不仅仅在物流环节发力，还想直接分享跨境电商的红利。顺丰在电商平台的进口和出口两端均有布局。顺丰旗下的进口电商网站丰趣海淘，经营母婴用品、食品保健、美妆个护等品类；在出口端，顺丰携手俄罗斯本土电商上线了其出口电商平台丰卖网。

在顺丰看来，跨境电商市场的增长给顺丰提供了机会，顺丰应该把握这个机会，把国际业务变成顺丰的一个新的利润增长点。

2017年5月，顺丰还宣布与国际物流巨头UPS达成业务合作。双方各出资500万美元，在我国的香港地区成立合资公司，共同开发及提供国际物流产品，拓展全球市场。对UPS来说，能通过顺丰的网络，深入广阔的中国市场无疑意义重大；而对顺丰来说，UPS是全球最大的快递公司，业务网点遍布全球220多个国家和地区。与UPS合作，无疑是顺丰进入国际市场极好的选择，对双方来说是互惠共赢的。

除了顺丰，“通达系”也在积极地拓展国际业务。申通、中通、百世均通过收购美国的转运公司，布局海外。圆通以10亿元价格收购了香港上市公司先达国际。2016年申通全包租赁了一架全新波音747-800全货机。从中国到欧洲，从前端收件到末端派件，最快30小时内即可完成中欧跨境收派。

可以肯定的是，各家都看好国际市场的重大机会，都在进行积极的布局。但面对联邦快递、UPS这样的全球性巨头，中国快递公司出海之路，注定是曲折而漫长的。

方法论

在很长一段时间里，顺丰快递业务的营收规模都是市场老大，那么顺丰为什么还要投入重金去发展新业务，并不断提升新业务在总营收中的比重？这背后有顺丰的几个方法论。

一、摆脱血海竞争，寻找蓝海业务

传统快递业务的利润已经“薄如刀锋”，尤其是随着电商件物流业务的迅猛增长，“通达系”几乎沦为电商平台的苦力。顺丰不想为电商平台打工，也不想与“通达系”通过拼低价来竞争，在这样的情况下，扩展新业务增长点是顺丰必然要选择的道路。

如果说传统快递业务是一片红海，那么对顺丰来说必须要找到新的蓝海，供应链、速运、冷链、同城急送、国际化业务都还有很大的发展空间。而且，世界头部快递物流企业都是综合物流服务提供商。在美国，大型物流企业中近七成都在做跨界业务。顺丰既然想成为全球物流巨头，发展多元业务就是必然的选择。

二、从自己的核心优势出发，发展能够形成竞争优势的业务

要发展新业务，做什么不做什么，要考虑的是能不能发挥自己的特长，能不能形成自己的竞争优势。对顺丰来说，有“天网+地网+信息网”的基础设施优势，有上市后的资金优势，有多年积累的品牌、品质、口碑优势，这意味着发展新物流业务顺理成章，也可以借势而起。

此外，多元化的综合物流业务更便于服务B端企业，形成一站式的物流服务平台，以提升效率，降低跨界成本。相比往产业链的上游（比如电商新零售业务）发展，对顺丰团队来说，开拓新物流业务的难度要低很多。

三、将适合独立发展的业务剥离出来，培养和孵化种子选手

顺丰同城急送业务在2019年宣告品牌独立，一方面，该业务仍然依托于顺丰这个母体，沿用了顺丰的品牌；另一方面，该业务又相对独立地去发展，以灵活的姿态，参与即时配送市场的竞争。

这种在母品牌基础上，不断孵化和培育种子选手独立发展的模式，是比较有效的创新办法。尤其是面对复杂多变的市场环境时，要想让千亿元级的企业实现“大象跳舞”，其经营机制就必须保持一定的灵活性，以便激发新团队的狼性和进取心，让创新业务独立发展，壮大，成熟，甚至最终独立上市。

第7章　发展

上市还是不上市？王卫为何食言

——顺丰的资本抉择

➤ “永不上市三大家，华为顺丰老干妈”

莎士比亚在戏剧《哈姆雷特》中说：To be，or not to be — that is the question。

对许多企业家来说，上市还是不上市？这是一个问题。

王卫在创办顺丰后近30年时间里，都是坚持不上市的。他认为，上市后，企业就变成一个赚钱的机器，每天股价的变动都牵动着企业的神经，这对管理层管理企业是不利的。此外，王卫认为在竞争激烈的市场环境下，披露顺丰速递信息不利于企业的快速成长，也违背他做企业的精神。因为企业一旦上市，公司的信息将会被强制披露，企业财务指标、战略规划将会拿到阳光下供人随意翻阅，更不利于企业自身商业秘密的保护。

不仅仅是王卫，还有很多成功的企业家反对企业上市。

华为创始人任正非说，“科技企业是靠人才推动的，公司过早上市，就会有一批人变成百万富翁、千万富翁，他们的工作激情就会衰退，这对华为不是好事，对员工本人也不见得是好事，华为会因此而增长缓慢，乃至于队伍涣散；员工年纪轻轻太有钱了，会变得懒惰，这对他们个人的成长也不利”。

据说几年前，摩根士丹利首席经济学家斯蒂芬·罗奇率领一个机构投资团队访问华为总部，任正非没出面会见，只派了负责研发的常务副总裁接待。事后，罗奇有些失望地说，“他拒绝的可是一个3万亿美元的团队”。

任正非对此事的回应是：“他罗奇又不是客户，我为什么要见他？如果是客户的话，最小的我都会见。他带来机构投资者跟我有什么关系呀？我是卖设备的，就要找买设备的人……”

坚持不上市的还有娃哈哈创始人宗庆后，他说，“人家说我们比较傻，不会用银行的钱。我想还是稳定点好，娃哈哈是小步快跑，我们坚决不做心里没底的事”。

娃哈哈至今没有上市，还有一个原因是股东数量的问题。根据国家法律规定，企业上市之前股东数量不允许超过200个。而娃哈哈在2013年已实现全体员工持股，娃哈哈有15000个股东，将他们全部整合上市将是一项浩人的工程。

老干妈陶华碧也坚决不上市。她认为上市那是欺骗人家的钱。“有钱你就拿，把钱圈了，喊他来入股，到时候把钱吸走了，我来还债，我才不干呢。我打下的江山，我就把它做好，做专做精，我自己有多大能力就做多少事情。凭自己真本事做些事情，这样活得才有意义。自己打下一片天，我觉得才是真本事，才有意义。”

方太集团董事长茅忠群也反对上市。有同行说，方太做得如此累，也没看出多赚了多少钱，规模也不大；方太不引入风险投资资本，太保守了。

茅忠群回应说，“有些上市企业走进了单纯追求利润的不良怪圈，上市反倒会被股东施加压力，首要任务变成了一味追求利润规模，这与方太做高端品牌的梦想会有冲突。一个真正的高端品牌应该是经得起时间考验的，而不是用规模利润来决定的”。

茅忠群还说，“不上市就是为了自己能够真正静下心来按照自己的思路去发展，因为上市公司会受很多方面的影响，股价涨跌、业绩公布、投资方对你指手画脚。例如，每个季度都要交报表，可能到时为了销售利润不得不采取短期措施。上市和不上市其实差距还是比较大”。

商界也因此有了这句顺口溜：“永不上市三大家，华为顺丰老干妈。”

渴求资金，9次质押

在顺丰成立后将近30年时间里，王卫始终坚持不融资、不上市，虽然确保了顺丰的独立性，但也让顺丰陷入缺钱的窘境。

2013年之前，顺丰一直拒绝外来资本“染指”。在一次内部讲话中，王卫明确表示自己坚决拒绝融资，“要么杀出一条血路，要么只能等死”。

但是，顺丰要发展，必然需要大量的资金投入。王卫通过加盟制改直营制的改革，把顺丰打造成了中国民营快递公司中第一家全直营企业，全直营意味着“重资本”。顺丰要为人力成本、房屋设备、运输工具、日常运维、科技研发、购买飞机、海外扩张、电商布局、线下零售等领域投入大量资金。

顺丰不缺钱是不可能的。而且顺丰快递本身的客单价就比其他快递公司要高，也不可能通过大幅提价来实现增收。顺丰对标的是联邦快递、UPS这样的国际顶级物流巨头，这决定了顺丰必须大规模投入，快步扩张。因此，顺丰会经常性地缺钱。

有媒体曾披露，王卫为了从银行获得资金，不得不一次次将商铺或者是物业抵押给银行，总共有9次之多。在快递业开设分公司最为疯狂的2005年，资金成为限制市场发展的主要障碍。不开店便会落后，王卫在想了三天三夜之后，将顺丰公司作为抵押品，从银行贷款420万元，用于开拓国内业务。

对于顺丰这样体量的公司，竟然为了420万元的贷款将公司抵押给银行，今天看来非常不可思议，难以想象。尤其是在风险投资盛行的今天，创业者恐怕很难理解王卫当初拒绝融资而抵押公司去银行贷款的做法。

在顺丰的发展历史上，王卫曾多次拒绝被收购和融资。2007年，当时的业内老大宅急送的营业额一度达到13亿元。据《南方周末》报道，宅急送的创始人陈平曾南下深圳找到王卫，希望能够收购顺丰，但被王卫拒绝。顺丰当年受到众多PE（私募股权投资）、VC（风险投资）的追捧。网上曾流传花旗银行开价1000万美元中介费用，只为求得一个与顺丰的合作机会。有VC愿意花50万元，只为能与王卫共进晚餐。

有媒体在2014年的时候曾评论王卫说，“尽管他执掌的顺丰快递占据了行业1/5的市场份额，他却如虔诚的教徒一般，20年如一日地奉行在商业的丛林里低调生存的法则”“顺丰拒绝融资和上市，在某种程度上，掺杂着一定程度的自我中心主义和些许绝对掌控的色彩和意味”。

外界猜测，“作为糅杂了偏执、谨慎、低调，甚至些许自我中心主义的领导角色，这背后似乎藏着王卫更深的考虑”。

有证券分析师评论说，民营企业家并不喜欢境外投资者，他们内心一般要求对企业要有绝对的掌控权，特别是王卫这样个性的人，找他的人很多，他并不缺钱，但他要绝对的掌控力，还有资源。

2011年7月，王卫在接受《人民日报》采访时说了这样一段话：

“每个人都有自己经营企业的目的，可能随着企业的发展，这个目的还会发生变化。就我个人而言，经营企业的目的可能有点理想化，不完全是为赚钱。顺丰的愿景是成为最值得信赖和尊重的公司。我们不追求行业排名，也不求一定要做到多大，而是希望我们的人和经营行为都能被社会信赖和受到社会尊重。

“我觉得企业跟人一样，如果能有一些理想，做事的态度和结果可能会完全不同。就好像为赚钱而画画的人，同只求温饱、为追求艺术而画画的人相比，他画画的方式和最后出来的作品肯定不一样。有艺术追求，就会有执着，它会推动你不断给自己挑毛病，不断改进。所以我总觉得，企业要想取得长远发展，还是要有一点艺术家气质，而营业额可能是水到渠成的事。”

王卫食言

2017年2月24日，A股上市公司鼎泰新材正式更名为“顺丰控股”，这标志着顺丰正式登陆A股市场。

一贯低调的顺丰创始人王卫现身深交所参加“敲钟”仪式。当天顺丰控股股价气势如虹，以涨停收盘，收盘价定格在55.21元，市值1天增加约200亿元。经过连续数个交易日的涨停，顺丰控股市值一度冲到3074亿元，王卫身家则高达1985亿元，超过李嘉诚家族的1861.8亿元，成为香港新首富。顺丰市值超过圆通、申通、韵达、中通等4家同行市值之和。

曾说过不融资、不上市的王卫食言了。这意味着商界那句顺口溜“永不上市三大家，华为顺丰老干妈”成为历史。

实际上，在上市之前，顺丰就已经打破了不融资的原则。2013年，顺丰迎来了成立20年来的首次股权融资，以不超过25%的股份招来了元禾控股、招商局、中信资本及古玉资本等多个有国资背景的小伙伴。

顺丰的一位副总裁曾表示，将用这笔融资投资新的业务单元，并培育新的业务增长点，如顺丰信息系统、中转环节及航空枢纽等。

有证券分析师说，顺丰选择有国资背景的几家机构合作，主要看重了它们的资源。顺丰面临较大的资金缺口，要配备强大的分拣中心和航空运输队伍，而招商局在深圳有强大的海陆空资源，中信和元禾控股在海外并购扩张方面都能提供经验和资金支持，这些是花旗等其他机构无法比拟的。

除了顺丰自身的发展需要资金和资源外，顺丰打破不融资、不上市的原则，主要是因为市场环境发生了巨大的变化。

过去按照《中华人民共和国邮政法》的规定，外资未经批准不得在国内经营快递业务。UPS、联邦快递这样的国际巨头被挡在了国门外。2012年9月6日，国家邮政局批准联邦快递、UPS经营国内快递业务。这是2009年《中华人民共和国邮政法》实施以来，外资快递企业首次获得国内快递业务牌照。

尽管外资快递企业要在国内迅速站稳脚跟绝非易事，但这对国内快递企业来说，仍然意味着新竞争时代的开启。国际快递巨头在航空货运、产品设计、全球化能力等方面的优势非常明显，而顺丰是国内最早布局航空运输的民营快递企业，其压力不言而喻。

此外，快递企业也面临着安全监管方面的考验。公安部、国家邮政局等部门曾联合发出《关于加强寄递渠道治安管理工作的通知》，要求加强寄递渠道治安管理。顺丰作为民营快递的老大，也已被列为重点监测的对象。无疑，未来顺丰与监管部门业务交叉将更加频繁。对顺丰来说，有国资进入，无疑多了一张牌。

顺丰更大的压力不止于此，还有来自“通达系”、阿里巴巴、京东等电商系物流的挑战。

2016年10月20日，圆通成功借壳大杨创世，成为中国第一家登陆A股市场的快递公司，开启了中国民营快递企业的上市潮。

2016年10月27日，中通快递成功登陆纽约证券交易所，成为首家在美国上市的中国快递服务提供商。

2016年12月30日，申通快递借壳艾迪西正式登陆深圳证券交易所。申通称，上市成功后将实施向下（拓展农村市场）、向西（发展西部市场）、向外（扩张海外市场）三大战略。

2017年1月18日，韵达控股在深圳证券交易所挂牌上市，正式登陆资本市场。

除了“通达系”，做货运物流起家的德邦快递2018年1月16日在上海证券交易所主板上市。德邦快递成为中国第一家上市的快运企业。此外，德邦快递还是国内最大的零担物流服务商，主要产品线包括公路快运业务、快递业务和其他业务。

在德邦快递上市答谢会上，董事长崔维星提到最多的两个公司是华为和顺丰，华为是学习对象，而顺丰则被视为竞争对手。崔维星说，“德邦对顺丰要做到极大的差异化”，“用华为的办法，咨询公司的最佳实践，加上德邦物流的企业文化、人力资源、创新力、凝聚力和向心力，来和顺丰做差异化竞争”。

对手已经把刀架在了顺丰的脖子上。“通达系”和德邦快递的上市，对顺丰来说，无疑意味着竞争的加剧。顺丰如果不融资、不上市，单靠自身资本的支持，很难在综合物流行业的下半场竞争中保持优势。

除了“通达系”和德邦快递，顺丰还面临着来自阿里巴巴和京东物流的竞争威胁。

2013年5月28日，阿里巴巴集团携手相关企业和金融机构共同组建“中国智能物流骨干网”，也就是菜鸟物流。“菜鸟”小名字大志向，其目标是通过5~8年的努力打造一个开放的社会化物流大平台，在全国任意一个地区都可以做到24小时送达。

虽然在菜鸟成立之初有顺丰的参与，但随着菜鸟的发展，顺丰与菜鸟之间貌合神离，渐行渐远。2015年6月6日，顺丰联合申通、中通、韵达、普洛斯共5家物流公司，宣布投资5亿元成立丰巢科技。其中，顺丰持股35%，申通、中通、韵达各持股20%，普洛斯持股5%。丰巢法人代表为顺丰总裁王卫。

2017年6月1日，顺丰和菜鸟爆发“丰鸟大战”。双方因为数据的主导权互相拉黑，关闭数据窗口，最后引发互联网巨头之间的分裂和站队。腾讯、京东、网易、美团都卷入其中，最后在国家邮政局的强力干预下双方表面握手言和，但顺丰对于菜鸟独霸数据、掌握快递企业命脉的警惕之心越来越强烈。菜鸟自成立以来，频频投资物流公司，也引起了传统快递公司的警惕。

除了菜鸟，还有来自京东物流的威胁。刘强东曾经说，未来中国物流业胜出的将会是京东和顺丰。京东物流依托京东集团，通过布局全国的自建仓配物流网络，为商家提供一体化的物流解决方案，主要业务有仓配一体、冷链物流、大件物流、国际供应链和供应链金融；在时效服务上有极速达、京准达、夜间配、211限时达等。

2018年年初，京东物流经过一轮融资后，估值达到800亿元。京东的仓配能力尤其突出。自2016年开始独立运营时，京东物流就提出了5年后年收入超过千亿元的目标。这意味着京东物流与顺丰的竞争已经不可避免。

前有狼，后有虎。在这样的市场环境下，顺丰选择融资和上市，成为必须要走的一条路。商战如逆水行舟，不进则退。当所有的同行、对手都拿到了更多的钱，大手笔抢夺市场时，顺丰不可能坐以待毙。此时，王卫很难再享受风轻云淡的生活，也很难有坐看云卷云舒，静听花开花落的闲情逸致。

面对市场的洪流，只能奋勇向前，没有退路。

开启“后上市时代”

王卫是一个务实主义者。

他说过这样一段话：“我没有条条框框，一切都回归到面临什么问题，就需要什么东西的方面。有时我们学了某个框架就想套用，但因为不理解设计初衷总会有不匹配的情况出现。20年来我一直在寻找适合的框架，最终是佛学的因果循环让我很开窍。”

2017年，顺丰打破不融资、不上市的原则，登陆A股市场，正式开启“后上市时代”。

有业内人士批评说，顺丰“上市晚了”。

“2012年的顺丰，领先其他快递企业不止一个身位，又带着绝对的主角光芒，王卫更差点入选当年年度经济人物。即使嘿客和优选犯错，但在O2O与生鲜电商的大泡沫下，反而是极好的故事，彼时本应迅速上市，融资扩张，但却画地为牢，自我设限。不去借助资本的力量，拉开与对手的差距。竟学龟兔赛跑，在终点线上白白等了5年，直到2016年年末才和‘三通一达’携手上市。”

对一件事情的是非评判，往往不在当下，而在未来。观察顺丰上市后的表现和长远的发展，或许更有价值一些。

2018年3月，顺丰控股发布了2017年年报，报告期内，公司实现营业收入710.94亿元，增幅达23.68%；归属上市公司净利润达47.71亿元，同比增长14.12%。每股收益为1.12元。扣除非经常性损益后净利润达37.03亿元，与上年同期利润额26.43亿元相比，约增长40.11%，完成2017年承诺利润（28.15亿元）的131.55%。顺丰控股已连续两年顺利完成业绩承诺。

上市后顺丰的着力点主要有下述几点。

一是加筑护城墙，重金投入打造核心竞争力。

顺丰将大量资金投入了“天网+地网+信息网”的建设，拥有通达国内外的庞大物流网络，包括分点部网络、航空网络、地面运输网络、中转场网络、客服呼叫网络、产业园网络等，拥有显著的规模优势。

在航空网络方面，顺丰控股2020年年报显示，共执行航线83条，总发货量为85万吨。2020年顺丰航空相继开航27条国际航线，国际航线网络布局初具规模。顺丰正在打造的鄂州机场，是亚洲第一个、世界第四个货运枢纽机场。

同时，顺丰的物流场地资源价值在上市之后也进一步显现。顺丰控股2020年年报显示，截至报告期末，公司已成功布局50个城市的产业园项目，物流场地土地面积约8721亩，已建成建筑面积约172万平方米，预计2021年建成项目建筑面积约138万平方米，未来3年顺丰产业园管理运营面积预计超500万平方米。

此外，顺丰控股还自主研发了一套完整的智慧网平台，包括顺丰物流的各项核心营运系统、顺丰地图平台、大数据平台、信息安全平台、智能运维管理平台等。通过上述举措，顺丰打造了智慧化的坚实基础，可以快速、灵活、安全、全面地支撑业务发展，实现数据交互分析，驱动业务决策，有效地优化了业务流程，提高了经营效率。

二是新业务成为营收增长点，所占比重越来越大。

在2017年营业收入中，顺丰时效和经济板块的传统业务收入达615亿元，占比虽高达86.51%，但与2016年的90.09%相比有所下降，新业务比重已在逐渐提升。

在新业务中，重货运输营收占比达6.19%。截至2017年年末，公司拥有

717个重货网点和21个重货中转场，场地总面积超过67万平方米，覆盖国内31个省的289个主要城市及地区，车辆有4000余台。2017年重货产品不含税营业收入达44.02亿元，同比增长79.93%。

2017年同城配业务实现营业收入3.66亿元，同比增长636.18%。已初步搭建完成全国范围第三方直营即时物流配送网络。在客户服务方面，形成了具有顺丰特色的30分钟快速安全送达的服务品质，为服装、餐饮外卖、商超、消费电子等行业的主要品牌客户提供优质的同城即时物流配送服务，肯德基、麦当劳、德克士、百度、天虹等主流品牌成为合作客户。

冷运与医药业务也保持了高速发展，该业务2017年实现营业收入达22.95亿元，同比增长59.70%。截至2017年年底，顺丰控股冷运网络覆盖国内104个城市及周边区域，其中有51座食品冷库、108条食品运输干线，3座医药冷库、12条医药干线。

2017年国际业务净收入达20.43亿元，同比增长43.70%。截至2017年年底，顺丰国际快递服务已覆盖如美国、欧盟、日本、韩国、东盟、巴西、墨西哥、智利等53个国家（地区）。其中，南亚片区网络覆盖范围已超过90%；国际小包服务网络已覆盖全球225个国家。

2020年，顺丰快运、冷运及医药、国际等新业务板块保持高速增长，占总营业收入比例进一步提升至28.24%，同比提升2.61个百分点。

三是大手笔投入研发，加快向物流科技集团转型。

在2017年年报中，顺丰控股在研发方面的投入共计16.04亿元。其中研发投入达 11.67亿元，运维及其他支出 4.37亿元。2017年公司在物流无人机、智慧设备、智慧服务、智慧决策、车联网等领域的研发及推广应用成效显著。

到了2019年，顺丰在研发方面的年度投入高达36亿元，比上年增长34%，占营业收入的3.26%。与此同时，顺丰的研发正越来越多地变为现实应用。2019年，顺丰针对农产品 “易损、难包装、无法形成规模化”等痛点，利用自身网络覆盖优势、先进包装技术及快速配送能力，为客户提供了从产到销一揽子解决方案。

此外，在2020年新冠肺炎疫情期间，顺丰无人机实现了特殊情况下的“无接触援助”，运输物资超过了11吨，顺丰航空从1月24日起连续50余天组织航班运力直飞武汉，保障医疗防疫及生活物资的运输。截至2020年3月16日，顺丰航空已执行驰援航班210架次，累计运输防疫物资已突破5100吨。

总体来看，中国快递行业已经集体进入“后上市时代”。顺丰、“通达系”、德邦、菜鸟以及京东物流已成为行业的头部物流企业。物流行业的“马太效应”进一步凸显。规模小的、竞争力弱的快递企业将被兼并或出局。有上市资金加持的巨头将重金投入基础设施领域，拓宽业务和市场，向综合物流服务企业的目标进发。在后上市时代，快递行业的竞争变得更加激烈，已经成为巨头们的“游戏”。

方法论

顺丰在对待资本市场的态度上，一开始是比较保守的，坚持独立运营；但随着竞争格局的变化，最终还是走上了上市融资之路。顺丰借助资本的力量，从单一快递业务企业向综合物流服务企业升级，顺利进入寡头竞争时代，并参与全球化竞争。

在顺丰对待资本市场的态度上，可以总结出以下几个方法论。

一、要因时而动，因地而异

在顺丰成立后20多年间，王卫坚持不上市，他怕股价变动影响企业的正常经营。他还担心，按上市的要求披露公司信息，不利于企业的快速成长，也违背做企业的初衷。但坚持不上市，也让顺丰屡屡陷入缺钱的窘境，出现了9次资产质押的情况。

但随着形势的变化，如果还固守原有的观念，将会妨碍顺丰未来的竞争力和发展。同行实力越来越强，尤其是电商企业的发展带动了“通达系”的崛起，“菜鸟系”的强势，京东自建物流顺利发展，对顺丰来说必须激流勇进，要借助资本的力量去应对未来的竞争。

最终顺丰选择了借壳上市，并引入了国有资本，重金布局信息系统、中转环节、航空枢纽等物流基础设施，启动向综合物流服务企业的升级迭代。从顺丰的长远发展来看，上市是必然的选择。

二、要善于利用资本市场，以构筑护城河，打造核心竞争力

并不是所有的企业家都会花钱。有一位投资人说，投资人其实不怕被投的企业花钱，怕的是不会花钱。有的钱花了连个响都没有，那就说明这个团队是有问题的。对顺丰来说，上市后融到的钱花在哪里，决定了其能否构筑未来长久的竞争力。

在后上市时代，物流行业的竞争是寡头竞争、高门槛竞争。面对新竞争形势，顺丰的选择是将资金投入到物流基础设施建设中去，打造核心竞争力。比如将大量资金投入到“天网+地网+信息网”的建设方面，拥有通达国内外的庞大物流网络，包括分点部网络、航空网络、地面运输网络、中转场网络、客服呼叫网络、产业园网络等，拥有显著的规模优势；参与设立湖北国际物流机场有限公司，并将其作为顺丰航空运输体系布局建设的核心。

三、要拥有远大的格局和眼光，要有更长远的打算

顺丰在未来的布局上，着重做了以下几点：一是夯实基础，打造核心竞争力；二是发展新业务，不断提升新业务在总营收中的比重；三是加大研发投入力度，布局无人机、智慧设备、智慧服务、智慧决策、车联网等，为跨行业竞争做准备。

这些布局其实是有更长远的打算，顺丰未来要在国际市场与寡头竞争，必须以科技能力为支撑，以多元化业务形态为底色，以强大的物流基础设施为保证，只有这样才能动之有力，行之长远。

第8章　管理

王卫的低调和员工的自信

——顺丰的员工管理与激励

冲冠一怒为小哥

2016年4月17日发生了一件事，让一向低调的王卫拍案而起。

4月17日上午，北京市东城区富贵园小区内，一名骑三轮送货车的顺丰快递小哥在派送过程中与一辆黑色京B牌照小轿车发生轻微剐蹭。小轿车驾驶员下车后，不由分说，连抽快递小哥耳光，并破口大骂。周围人几次拉开中年男子，但其几次上前继续扇小哥耳光。

现场被人拍成视频上传到网上，立刻在网上引发巨大关注，很多网友要人肉和起诉打人的车主。这段视频也引起了王卫的震惊和震怒，王卫在微信朋友圈发文说："我王卫向着所有的朋友声明：如果我这事不追究到底，我不再配做顺丰总裁！"愤怒之情溢于言表。

顺丰集团微博也发表了声明："非常感谢大家对顺丰小哥的关心，顺丰集团对于此次暴力事件非常震惊，并已指派集团高层跟进处理后续事宜，目前已向警方报案，并安排小哥进行伤情鉴定。"

顺丰集团微博申明顺丰的3点态度：一是鉴于对方反复殴打小哥，行为极为恶劣，顺丰不同意对方的调解诉求，对于这种寻衅滋事现象，建议追究行为人刑事责任；二是以后如发生类似事件，顺丰仍将依法维权，对员工的合法权益保护到底；三是服务行业十分辛苦，需要彼此理解和尊重，希望大家以此为鉴，共同维护社会公平正义。

4月18日下午，一向神龙见首不见尾的王卫与多家媒体进行了一场针对此事的交流会。王卫说，看到小哥被打的消息，他很震撼，很震怒。“昨天晚上一点钟吃了安眠药才睡着。”“动手打人就要承担法律上的责任，我不要钱，我们顺丰钱不多，但是我们认为你给我多少钱，我都不会去对这个事情妥协。”

据公安机关通报，打人的李某因寻衅滋事被警方依法处以行政拘留10日的处罚。

王卫冲冠一怒为小哥，绝非个案或作秀，背后是王卫和顺丰长期以来对一线快递小哥的关爱、呵护和尊重。

2017年年初，顺丰上市敲钟那天，王卫专门把被殴打的小哥请上台一起敲钟。在敲钟前夕，王卫豪气地给数十万名员工发红包，金额从1888元到15000元不等。不少网友在微博晒出了员工获得红包金额的图片，有1888元、2888元、3888元、15552元、11664元等。

2018年2月也发生了一件事，引起了很多人的羡慕。春节前，顺丰包机送快递小哥回家过年。据顺丰内部员工透露，除包机外，顺丰还为员工购买了春节期间综合保险，在落地后还安排大巴车接送并预订酒店供员工休息。这是快递行业内第一次大规模为员工包机回家过年。

顺丰为什么如此舍得在员工身上做投入？原因应该有多个方面。

其一，从企业文化的角度来看，与顺丰创始人王卫草根出身、吃过苦、有信仰有关系。王卫就是从帮人在香港和广东之间跑腿带货，做最辛苦最底层的事情，一步步做起来的。一直到今天，王卫仍然会去一线岗位体验。王卫与快递小哥在精神上有天然的共鸣和亲近感。

王卫对快递小哥经常以“孩子”相称。王卫曾说，管人先要用心，其中排第一位的就是爱心。爱心的前提是要以家人式的感情关心关爱身边的员工和同事，“作为领导者，一旦有了爱心，就会设身处地为员工着想，他们辛不辛苦，工资够不够，是否需要加薪和福利，是否需要晋升，这些都是领导者应该考虑的问题”。

其二，还要有“舍”心。王卫说：“很多老板也许会想，凭什么呢？为什么要跟我分钱？他们又不是我的孩子。而我会自问，人们可以对自己的孩子舍得，为什么不能对员工舍得？如果领导者对员工的爱心是虚伪的，那么面对很多可以给予慰劳员工的机会，他们也不会与其分享。领导者只有具备了真正的爱心，才会有对员工的舍心。”

王卫是真正想明白了企业发展的根本保障在哪里。在快递这个行业，一线小哥的作用非常重要。顺丰数十万一线员工每天要与客户面对面，他们的一举一动都会影响到客户的满意度和顺丰的口碑，进而影响到公司的利润。

管理大师布尔库什在《新管理革命》里提出了“价值区域”的概念，也就是为客户创造价值的地方。他说，对于一些从事服务业的公司，价值区域就位于第一线，也就是员工直接和客户进行交流的地方。

哈佛大学赫斯克特教授等研究发现，客户忠诚度每增加5%，企业将会增加25%~85%的收益，由此提出了“服务利润链模型”——企业利润和成长由客户忠诚度驱动，客户忠诚度受满意度影响，客户满意度受高品质的服务价值刺激，而服务价值由高效员工产生，高效员工来源于员工的满意度。

所以管理大师布尔库什认为，新管理革命已经到来，要打破过去单纯强调客户第一的理念，要把员工放在第一位，让员工感到幸福和满意。

王卫和顺丰关爱小哥，绝不会是没有意义的行为。长期来看，让顺丰小哥满意和幸福，就能够让客户满意和幸福，反过来就会为顺丰带来长久的收益。

如何让几十万人整齐划一

管理几十万人的企业，并不比管理几十万人的军队容易。

对此，人们常说，一流的企业管理靠文化，二流的企业管理靠制度，三流的企业管理靠人。不管是中国还是国外的大型企业，没有一家不强调靠文化、价值观来管理企业的。

通用电气前CEO杰克·韦尔奇被誉为“全球第一CEO”，他在自传中格外强调了企业文化的重要性。他说：“一个真正想做到规模最大化的企业就不能让多种文化并存。在20世纪90年代末期的国际互联网狂潮中，GE金融服务集团股票组中的一些人突然觉得他们是天才了，他们在投资GE公司的过程中，认为自己应该在公司里起一定的作用，我们告诉他们一边待着去，在我们这里只有一种货币——带有GE价值观的GE股票”。

再比如谷歌，很多人都听说过“不作恶”几个字，在谷歌，管理者强调“以用户为中心；心无旁骛，精益求精；快比慢好；不做坏事也能赚钱；信息永无止境”。

富士康在全球有100多万名员工，在管理过程中郭台铭也非常强调企业文化和价值观。比如，辛勤工作的文化，负责任的文化，团结合作且资源共享的文化，有贡献就有所得的文化。其核心竞争力总结为速度、品质、技术、弹性、成本。

华为同样如此。华为在全球有接近20万名员工，业务遍及170多个国家和地区。在华为的网站上写着：“我们坚持什么——华为30年坚持聚焦在主航道，抵制一切诱惑；坚持不走捷径，拒绝机会主义，踏踏实实，长期投入，厚积薄发；坚持以客户为中心，以奋斗者为本，长期艰苦奋斗，坚持自我批判。我们不会辜负时代慷慨赋予我们的历史性机遇，为构建万物互联的智能世界，一往无前。”

深圳前市长李子彬在接受采访时，曾讲过一个细节：他在深圳工作期间，任正非没有请他吃过一顿饭，而李嘉诚还送过他一盒巧克力。

管理顺丰和管理富士康、华为有类似的地方，但难度可能更高。华为和富士康的员工很多是在流水线上工作，不需要直接面对C端消费者，服务好不好、态度到不到位，消费者看不到，只要把工作做好就可以。

顺丰不一样。顺丰的几十万名员工主要是快递小哥，每一位快递小哥都是顺丰的一张脸，直接面对企业和C端消费者。心情好不好，服务好不好，细心不细心，认真不认真，消费者直接就能看到。可以说，每一位顺丰小哥走在大街小巷、办公楼宇，都代表着顺丰的形象。而要让这几十万人整齐划一，具有标准化的服务意识，不强调企业价值观和企业文化是不可能做到的。

顺丰的企业文化是一个金字塔结构，最底层是基本准则诚信，中间层是核心价值观，上层是企业愿景。这也就意味着，每一位顺丰人先要遵守基本准则，然后在愿景的引领下，在核心价值观的行为指引下，践行企业文化。

顺丰的基本准则很简洁清晰，包括：不作假，不欺瞒；不损人利己，不以公谋私；不损害客户及公司利益；不轻言毁诺，不失信于人。顺丰的核心价值观包括：成就客户，创新包容，平等尊重，开放共赢；强调客户为先，创造极致的服务体验；平等相待，视对方为另一个自己；彼此尊重，用倾听和理解接纳他人；同时，要拥抱变化，在开放中寻求发展。

其实，顺丰制定的这些诚信准则和核心价值观，从消费者的角度也很容易理解。快递小哥就像古时候的邮差，或者是远赴他乡的同乡、街坊，让他帮忙送一封家书或者带一样东西，你肯定希望他诚实守信，不随意拆封、丢弃，不损毁，按时、安全送到。我曾经和顺丰的一位高管聊天，他说顺丰做了很多努力，在服务上多花了很多钱，就是想做到“不保价也能够确保不出问题”，而不像有些物流公司，千方百计想让消费者多花一份保价的钱。

顺丰最想对外塑造的形象就是值得信赖。顺丰不断对外说，我们送达的不仅是物品，还有专业、服务与态度；用户把最在乎的物品托付给顺丰，顺丰就必然全力以赴，无负信赖与期待；顺丰存在的意义就是为了成就客户，顺丰的员工要成为客户团队的一分子，共同面对消费者，将客户的问题视为自己的问题。

2020年新冠肺炎疫情暴发，顺丰小哥是冲到疫情一线的“逆行者”，收获了许多赞扬。

顺丰控股第一时间宣布捐助2000万元用于购买救援物资，支援抗疫。同时联合顺丰航空、顺丰速运国际、顺丰科技、顺丰同城急送、丰巢等各方力量，全力支援防疫物资的运输，保证客户寄递安全。

在顺丰发布的社会责任报告中，我看到了一组数据，2020年1月24日至3月11日，顺丰航空累计执行驰援航班190个，运输防疫物资超过4600吨；顺丰陆运开行1800多个车次，累计运输超过9800吨；顺丰全网合计运输超过1亿件包裹至湖北。这1亿件包裹的背后，是一个个鲜活的有家有口的顺丰人的努力和付出。

有一位叫汪勇的顺丰小哥，从大年三十开始，瞒着家人出来做志愿者，积极组织志愿者团队，解决一线医护人员的生活需求，以“聚拢温暖守护英雄”，成为“最美快递员”。因为人手紧缺，顺丰小哥谢兆平徒步180千米，晓行夜宿、花了3天时间，赶回到南京工作岗位上。顺丰常州快递小哥庄华城、徐晓虎“逆行”武汉，志愿支援物资运输任务，两人全天24 小时待命，为了加快运输任务，两人在车上休息2~3个小时，就继续投入到忙碌的运输任务中。两人曾多次赶往郑州，并连续吃了7天方便面。

“哪有什么岁月静好，不过是有人替你负重前行。”顺丰小哥就是替我们负重前行的人。顺丰倡导成就客户、平等尊重、创新、团结、勇于担责，这些价值观已经内化为企业的责任感，并在关键时刻展现了出来。

我曾读过一个故事，在武汉封城期间，一位怀孕37周独自在家的待产孕妇，其丈夫在封城前去外地而无法返回，连日腹痛无法下楼，但婴儿快要出生，婴儿用品和生活物资需要购买，只好求助于前来送餐的顺丰小哥。顺丰在武汉当地还没有开通跑腿业务，但顺丰小哥了解了情况，二话不说，直接开车就去了超市。

顺丰小哥没敢把去超市的事告诉自己的家人，因为当地是疫情的重灾区，“这时候如果告诉他们我要去人群聚集的超市，肯定不会让我出门”。

顺丰小哥独自去了超市，按照孕妇的采购清单，挑选了产妇卫生巾、产妇纸巾、产褥垫、坐月子帽子、一次性马桶垫、奶粉、奶瓶、婴儿油、婴儿洗发沐浴露、爽身粉、婴儿服厚薄各两套……

男士购买孕妇的用品毕竟是门外汉，品牌、品类拿不准，顺丰小哥就打开微信视频通话，让孕妇看着品牌来选，他再一个一个放进购物车。

就这样，一位身着黑色顺丰同城急送工服的33岁汉子，在超市孕婴童用品专区里跑来跑去，把购物车装得满满当当。“那时候哪里还会想什么尴尬不尴尬，一直在专心挑选商品，就想赶紧买齐了给她送过去。”

最后结账的时候，孕妇直接给快递小哥转账1800元作为感谢。小哥婉拒了，“多出的钱，绝对不能要”。

人性需要什么，就给员工什么

要调动几十万名员工的积极性，除了企业文化和价值观之外，更重要的是让员工得到实实在在的好处。

网上流传王卫的一份讲稿：管好20多万名员工，他是用一种“土鳖式”的管理方法，即回归到人性上进行管理。人性需要什么，你就给员工什么。员工需要公平，你给他公平；他需要多劳多得，你要帮他算得清清楚楚。

王卫说，尊重、照顾和发展机会都要给到员工。不过，这样的给予要有底线，如同父母不能过度宠爱孩子，有时也要“狠心”。

比如顺丰的员工，每天要面对很多商品往来，甚至有的东西价值较大，这就很可能造成员工偷窃，顺丰避免员工偷窃行为的方法之一，是增加偷窃的成本，顺丰内部用“赏金猎人”的方式调查员工是否有偷窃行为，一旦查证，会有非常严厉的惩罚。

在王卫看来，人就是这个样子，追求快乐、逃避痛苦。你只要掌握人性，以人性化的思维设计管理方法，这其实并不是多么了不起的事情。

网上有一个很火的帖子，有网友爆料：刚才顺丰的快递员在他公司发飙了。

“我一个月工资1.5万元，会为了你这2000元钱的礼品丢这个饭碗吗！”

一时间，整个公司，一片寂静。

有人说：“给一个高中生发硕士的工资干小学生的事，这可能就是人家快递员为什么特别珍惜这份工作的原因。”

在顺丰内部，按照《中华人民共和国公司法》和《上市公司治理准则》制定了一系列风险防范、廉政建设措施，以及建立了规范化流程、薪酬绩效激励制度等。

比如，顺丰结合行业、业务特点，梳理出“战略风险、市场风险、经营风险、合规风险和财务风险”5类一级风险，包含72类二级风险、173类三级风险，形成明确、相对完整的风险信息库，并制定一系列风险管理办法和流程，有效推动执行。

在廉洁从业方面，顺丰建立起“教、防、管、罚”的闭环管理机制，以切实可行的具体措施，推动各项廉洁反腐制度的贯彻执行，多层次、多方式开展廉洁宣传和警示教育，努力构建“不想腐、不敢腐、不能腐”的廉洁从业文化生态。

在顺丰内部制定了复杂的绩效和激励制度。快递员的薪酬有直接薪酬和福利两部分，直接薪酬跟绩效挂钩，福利则包含了夜班补助、饭补，以及各种非经济性福利。顺丰也是国内快递企业中最早实行计件工资的公司，让快递员拼命派件的秘密就在这里：多劳多得。

不过，这些年随着中国人口红利见顶，人工成本越来越高，快递行业要留得住人变得越来越不容易。基层快递小哥吐槽的声音很多，在各个物流公司都能听到。

顺丰也遭遇了员工对薪酬待遇制度调整的不满。2019年，有快递小哥吐槽顺丰薪酬制度改革："从前难度系数分为A1~A7，如今改成了L1~L5，所在区域的收派难度也从A6调整到了L3或L4。这么一改，6月和7月的工资相比以前减少了1000元左右，这两个月工资都没有超过5000元。这一改把我的心都改凉了，把一线收派员的心都改凉了。"

在顺丰内部，制定了各种各样的服务标准和考核措施，快件丢失或者被投诉，都有可能被罚款。也有快递员被恶意投诉，受了委屈，愤而离开快递行业的。

2019年6月，顺丰快递员吞安眠药的消息曝出后，王卫很快公开表示反省："可能是服务考核制度有问题，我们必须马上检讨，马上做出改良，这是公司和我的责任，会在短时间内给大家做个交代。"

随后，王卫表示，每月新增2361万元来提高快递小哥的收入，让利益分配更趋合理。针对"计提核算"等问题，王卫表示，针对一线小哥推出了"服务之星"和"流量之星"的激励方案，对"画像"、客诉率、收派量等指标过线的小哥给予0.1元/票的激励。

2020年春节期间，为保障业务开展平稳有序，保障服务质量，顺丰针对春节期间（除夕至初三）值班的员工进行额外激励，除正常工资和加班费外，将额外发放超过1.5亿元的特殊激励金，并且采用"T+1即时激励"（当日在岗、次日发放）的方式发放给员工。

科学地完成价值观落地

再好的企业价值观和理念，都要靠科学的制度去落地。

在顺丰内部，搭建了四大沟通平台，采取“主动+被动”“线上+线下”等相互补充的方式，多渠道、全方位用心聆听员工的声音，并全力解决员工遇到的问题。每年，公司受理员工诉求约1.8万起，员工评价解决率约93%，渠道沟通成效显著。

顺丰还设置了面向员工的关怀热线，主要为员工提供困难帮扶、心理疏导、诉求受理、制度咨询、协调调动等服务。热线提供全年无休服务，每月受理近千起员工的诉求，已成为员工表达个人需求、反馈问题、倾诉情感的平台，受到广大员工的欢迎与认可。

为了方便员工，关怀热线全天24小时接听员工诉求，让沟通更便捷。关怀热线通过专人专线电话沟通，解决员工需求，正向引导管理层深入基层走访；通过一对一、一对多形式，解决员工实际困难，成为员工身边的“娘家人”，主动倾听员工声音，及时找到解决方法。

在顺丰，有各种各样的员工培养计划和员工上升通道。比如把员工中的大学生区分为应届大学生和往届大学生，对应届大学生主要进行从“学校人”到“职能人”的转型培训，往届大学生主要进行加速成长与发展的培训。凡是入职顺丰的新员工，都要开展文化融入、组织职能、业务认知和规章制度等各种内容的培训，推动新员工迅速融入顺丰的文化中。同时，顺丰还鼓励员工接受再教育，以提升学历。

在顺丰，以领导力发展为阶梯，搭建各级管理人员/后备/新任/在职全周期培训体系，聚焦能力差异、场景化资源定制，持续提升各级人员的经营管理和客户服务能力。

同时，为员工建立顺畅的职业发展通道。从普通专员到专业业务骨干到专家，从基层管理到中层管理、区总/处负责人、高层管理，顺丰努力为员工实现职业发展目标、最大化地发挥个人才能与实现自身价值提供广阔的舞台。

顺丰的员工福利制度非常完善。为保障员工及员工家庭利益、减轻员工家庭负担，顺丰除依法建立社会保险全险种缴纳制度外，还为员工提供雇主责任险附加24小时意外保障、重大疾病险等，为家属提供重大疾病险、意外险等，为员工和家属提供“顺e保百万医疗”。

顺丰通过互联网思维对福利管理和资源进行整合和迭代升级，为员工提供更自主、更便捷和更多元的福利体验与服务，实现员工利益的最大化，“丰享”为2019年公司重点推出的专属顺丰人的福利平台，它打破了“一刀切”“大锅饭”的传统福利管理模式，“丰享”福利平台为员工及其家人提供生活服务、健康休闲、子女教育以及家属保障等专属福利产品和亲情关怀，员工可以享受生日特权、节日特惠、惊喜活动、互动抽奖等一系列定制福利，并结合“医食住教”福利项目，打造线上、线下双通道，全方位的多元化福利体系，以满足不同群体的福利体验。

顺丰一直以来积极关注员工对企业的满意度及归属感，从组织视角和员工视角两个方向，以及组织、工作、发展、回报和氛围5个方面出发，全面地进行员工满意度调研。调研采取无记名形式，充分尊重员工自主表达的意愿，让员工在公平、公正、公开的环境中积极发声。员工满意度调研覆盖公司全体员工，他们对企业的年度满意度连续上升。通过员工满意度调研来识别问题的维度，搭建线上员工满意度改善计划跟进平台，周期性监控改善效果，并通过听取员工呼声、碎片化调研等形式对员工满意度改善情况进行闭环跟进，助力员工满意度改善并切实在工作中加以落地。

上述举措都可以回归到王卫说的那句话——人性需要什么，就给他们什么。只有这样才能够管好人，留住人。

在顺丰内部，有这样的一篇讲话，准确表达了王卫在管理员工时的“心法”：

“佛教中有很多‘法’故事，这些故事的宗旨都是帮助世人‘正知、正念、正行’。虽然都是一些形而上的道理，但是能够给人一个正念，一个积极的人生观、正确的价值观，同时能够通过接受者的一言一行传播开来，比直接授人以鱼、予人钱财，功德更大。而企业文化做得好，也具有这样的功能。

“现在公司每年都有很多人进进出出。为什么有些员工满怀憧憬地进入公司，过一段时间却离职了？原因很简单，要么是受到了不公平待遇，要么是公司不能满足他的需求（包括物质方面的，也包括职业发展方面的）。但这里面可能存在一个问题：那就是很多离职员工所需要的东西并非公司给不了，而是公司并不知道他想要什么。

“对公司来说，这是一种资源浪费。人留在公司，才能有针对性地进行培养，人来了两三个月就走了，再对一个新来的人进行培养，如此陷入一种恶性循环。

“我们培养自己的孩子，当他两三岁的时候你跟他说要爱爸爸妈妈，要好好学习，他才懒得理你，只知道伸手要吃的；然后他进入青春期了，就学会了反叛。

“我有3个孩子，现在老大十四五岁，开始‘造反’，老二看见老大‘造反’很痛快，自己也跃跃欲试。这很正常，我们小时候也这样。在这个过程中我们必须有耐心，要关心他、包容他，等他到了十七八岁，慢慢成熟了，就会知道家庭的温暖，再等到他结婚有了孩子之后，就更能体会到父母的伟大了。

“任何人的成长都有这么一个过程，对于企业员工也是一样。你要先让他能在企业待得下去，然后才能借助企业文化、制度等因素，并通过培训、激励等方式，让他真正融入整个团队，找到归属感，获得荣誉感。同时，在这一过程中，我们针对不同的人群，在不同的时期，也要提供不一样的东西。

“我们每个人都曾经年轻过，我们可以想想自己年轻时的心态——在想些什么，想要些什么，最反感什么……我们需要学会将心比心，用年轻人熟悉的语气、方式去和他平等地对话，不要居高临下，不要颐指气使，更不要有太多命令指责。

“除了不同年龄段之外，不同级别的人需要的东西也不一样——有一定物质基础的人和连生存都成问题的人，追求的东西不一样，日常的需求和着眼点也不一样。对待公司高层要以什么样的方式，对待刚进公司一年的同事要采取什么样的方式，对待服务公司超过10年的老员工要以什么样的方式……不同级别、不同年龄、不同工龄，甚至不同性别都要有不同的应对之策。在这里千万不要采取所谓的以不变应万变的方式，眉毛胡子一把抓，工作必须做细，方式方法必须系统科学。”

方法论

要管理几十万名员工，绝不是一件容易的事情。一切管理的本质是对人的管理。王卫没有高学历，指引他做管理的理念不是高深奥妙的管理学理论，而是从人性出发，从人最朴素的需求出发，奖罚并重，企业价值观与严密的管理制度兼施，最终达到几十万员工“整齐划一”的效果。

一、人性需要什么，就给员工什么

王卫说，他是用一种“土鳖式”的管理方法，即回归到人性上进行管理，员工需要公平，你给他公平；他需要多劳多得，你要帮他算得清清楚楚。

同时，要有底线，如同父母不能过度宠爱孩子，有时也要“狠心”一样。比如对待偷窃行为，顺丰内部用“赏金猎人”的方式进行调查，一旦查证，有非常严厉的惩罚。

王卫说，人就是这个样子，追求快乐、逃避痛苦。管理者需要掌握人性，以人性化的思维设计管理方法。

二、倡导企业价值观

一流的企业管理靠文化，二流的企业管理靠制度，三流的企业管理靠人。不管是国内还是国外的大型成功企业，没有一家不强调靠文化、价值观来管理企业的。

顺丰的核心价值观包括：成就客户，创新包容，平等尊重，开放共赢。强调客户为先，创造极致的服务体验；平等相待，视对方为另一个自己；彼此尊重，用倾听和理解接纳他人；同时，要拥抱变化，在开放中寻求发展。

顺丰还格外强调诚信，包括：不作假，不欺瞒；不损人利己，不以公谋私；不损害客户及公司利益；不轻言毁诺，不失信于人。

王卫在每次的内部讲话中，几乎都会强调企业价值观、诚信、成就客户等理念。顺丰想传递给外界的印象是，顺丰送达的不仅是物品，还有专业、服务与态度；用户把最在乎的物品托付给顺丰，顺丰就必然全力以赴，无负信赖与期待；顺丰存在的意义就是为了成就客户，顺丰的员工要成为客户团队的一分子，共同面对消费者，将客户的问题视为自己的问题。

三、重视企业内部管理，建设完善的规章制度，科学地保证价值观落地

比如，在廉洁从业方面，顺丰建立起“教、防、管、罚”的闭环管理机制，多层次、多方式开展廉洁宣传和警示教育。

在顺丰内部，为了保证与员工的民主沟通，搭建了四大沟通平台，采取“主动+被动”“线上+线下”等相互补充的方式，多渠道、全方位

地用心聆听员工的声音，并全力解决员工的需求。

顺丰还设置了面向员工的关怀热线，热线提供全年无休服务，已成为员工表达个人需求、反馈问题、倾诉情感的平台。

第9章　人设

低调，不是装的

——顺丰创始人王卫的人设

“低调牌坊”

王卫，中国最有钱的“快递小哥”，身家千亿，但他身上最鲜明的符号却是隐秘、低调。

《创业家》杂志的一篇报道说，顺丰作为如此大体量的企业，“当我们谈论起顺丰和王卫的时候，却像是在谈论一个看不见摸不着、却缭绕弥漫在空气中的幽灵”。

创业后18年间，王卫没有接受过任何媒体的采访。“据说有一次邮政部领导都递话了，他还是委婉拒绝。”一位行业报主编则说，多年来，他们一直邀请王卫“来编辑部坐坐，不是采访，就是内部交流”，王卫答应归答应，但是从来没有出现过。就连顺丰的企业内刊《沟通》，在出版后的多年时间里，也从未出现过这位掌门人的面孔。倒是有那么几次，这本月刊上刊登了王卫的照片，不过都是背影或者极其模糊的侧面照。

2010年，王卫在香港的报纸上出现过一次。有“狗仔队”混进顺丰香港总部，做了一整天的快递员，收派了300多个包裹，终于拍到了王卫的照片，还写了一篇文章《水货佬做到买屋仔，买757飞机》。据说这件事让王卫很不爽。

顺丰从创业迄今已有近30年时间，上市也有几年的时间，但网上有关王卫的照片仍然屈指可数。除了上市敲钟的画面，几乎很难找到其他清晰的图片。行业峰会见不到他，年终各大媒体的峰会、论坛上也从没见过他。

我多年来一直关注顺丰，多次去顺丰香港公司、深圳公司、顺丰航空采访，见过不同业务板块的负责人，也参加过顺丰的各种发布会、媒体晚宴，却从来没有见过王卫。跟顺丰的普通员工聊起王卫，大家的口气也都很平常，“没什么架子，很普通的一个人，说话也很和气”。

当然，不光记者见不到王卫，据说连马云也见不到王卫。网上一直流传着马云曾经在香港多次约见王卫，被王卫婉拒。当然，也有一种说法是王卫约见马云，被马云婉拒。真相如何不得而知，但顺丰和阿里的关系比较微妙，世人皆知。

王卫有一次出人意料地参加了一个论坛，能邀请到他的人是腾讯创始人马化腾。2017年6月，王卫罕见地出席了在香港举行的首届粤港澳大湾区论坛。

论坛上，马化腾对参会者表示了感谢，其中特别提到了邀请顺丰速运有限公司总裁王卫参会的经过。“我花了很大气力才请来”，马化腾说，王卫的顺丰是大湾区服务业的代表，已经成长为全国服务水平最高的快递公司。顺丰还在不断创新，科技含量也越来越高，但王卫是个极其低调的人，不愿参加任何论坛，“我说你是最典型的代表，不来不行”。

王卫在随后的发言中谈笑风生，回应了马化腾的话，“感谢马同学、马主席，没有马主席盛情邀请，我恐怕也很难能参加今天这么高调的活动。今天这么多媒体，我的低调牌坊真正就没有了，所以感谢马主席这次给我这个机会”。

那么王卫为什么如此低调?

真正的原因恐怕只有王卫自己知道，但猜测有可能有几方面的因素。

第一个因素可能是个人性格使然。王卫7岁跟随父母移居香港，高中毕业之后，十几岁就开始在叔叔的手下做小工。草根出身，白手起家，一路打拼过来，做的是又脏又苦又累的活。少说多干，行胜于言，很可能是他从小养成的对待世界的一个态度。他不像一些从官场下海的企业家，也不像马云这样的大学老师出身的企业家，他本人不喜抛头露面，信奉埋头苦干。

第二个因素可能与顺丰起家方式有关系。早期在中国，民营快递行业是在夹缝中生长起来的，在法律和政策上处于“灰色地带”。王卫和他早期的伙伴们主要靠来往于香港与内地捎带货物获利。后来随着国家政策的逐步放宽，对民营快递进入鼓励、支持的阶段，整个行业开始爆发。但长期以来的生存环境，可能影响了快递行业的企业家们，使其信奉埋头苦干，不张扬，不惹眼。

第三个因素可能与广东企业家的整体性格有关系。广东的企业家比较低调，务实。我与广东的朋友聊天时，他们如果要调侃某一个企业家不靠谱，就会说：“这个人话讲得很大，什么都敢说，一点也不像广东人。”

著名学者易中天这样评价广东人：广东人有拼搏精神，同时有休闲态度。我努力去做，成功了也不张狂，没什么好张狂的，失败了没关系，再来。广东一家企业有一句广告语就是“人间自有公道，付出就有回报，说到就能做到，要做就做最好”，这实际上是一种广东精神。

王卫在一次公开演讲中，这样说：“我是个不怎么会说话的人，因为我认为中国更需要做事的人，而不是需要说太多的人。我认为顺丰给大家的印象是一个做事能成功的企业，我希望我用行动告诉大家。所以，请原谅我在媒体这边出现比较少。”

除了上面这3种因素外，可能还有很重要的一点，就是王卫个人的信仰和修为。

“感谢太太，感谢佛学”

据说，王卫的办公室摆放着6尊佛像。

网上流传着一份王卫在顺丰内部的讲话。在这篇讲话里，王卫讲了自己的成功要感谢自己的夫人，感谢信奉的佛教。王卫直言，自己也曾目空一切，是太太与佛教相助，令他平衡了心性，也成就了今日的顺丰。

“很多同事都知道我是一个有宗教信仰的人——信仰佛教。我为什么会有这个信仰，这个信仰给我带来了什么，了解了这些之后，相信大家对我王卫和顺丰的所作所为，以及顺丰未来的发展会有更好的理解。

“我先简单地描述一下自己的成长经历。我20多岁开始创办顺丰，25岁公司初具规模，算是赚得了第一桶金。可能有人会说王卫很难得，年轻得志，却没有头脑发热变成‘土豪’。其实，我25岁的时候也曾经是一副标准的暴发户做派。

“不过这一切都是有背景和原因的：我们全家1976年从内地移居香港，当时面临的境况是一穷二白，一切都要重新开始。我父母之前在内地是大学教授，但是去到香港学历不被承认，就只能去做工人，收入微薄。

“所以我穷过，相当清楚贫穷和被人歧视的滋味。后来当我25岁赚到人生第一桶金之后，有点目空一切的感觉，恨不得告诉全世界，我王卫再也不是从前那个样子了，我也是有钱人了！

“所幸，这个过程没有持续多久，主要原因有三：

“第一，随着事业不断迈上新台阶，我个人的眼界和心胸不一样了；

“第二，得感谢我的太太，她在我得意忘形的时候，不断泼我冷水，让我保持清醒和冷静；

“第三，是我找到了精神依托，信了佛教。

“佛教让人内心平静，并且读懂了里面的因果关系能够让人醍醐灌顶。人这一辈子的成就、际遇，是跟上辈子积下来的福报有关联的，不管你权力多大、财富多少，很多东西你都掌控不了，比如说你是男是女，在什么地方出生，长相什么样，家庭是否富裕，等等，你更加控制不了的是今天运气好坏，明天成功与否……

“人生有百分之九十九的东西你都控制不了，只有一个百分点可以掌控，那就是做事的态度。这个态度有两面，究竟是采取积极的态度还是消极的态度？由你自己来决定。如果你在这方面做出了正确的选择，就会把这一个点又放大成一百个点，去弥补很多其他方面的不足。

“为什么要讲这个呢？因为在企业的发展过程中，我越来越意识到，我今天的所谓成功，其实是上辈子积下来的东西，而在这个过程中，所谓的本事不本事，只是天时地利人和集合到一起的一个福报。

“坦白说，我不太相信偶然，为什么会有偶然，因为无知才会相信偶然，突然中了大奖，不知道为什么，就会觉得是偶然，当所有的因果都集中到一起后，你再去比对，你会知道这是必然。我们现在要做的，就是利用顺丰这个不错的平台，把未来很多不确定的看似偶然的东西变成必然。”

王卫又讲了他对个人修养，也就是“德”的看法：

“今天这个社会，经济大发展了，人心却更浮躁了，很多人有意无意地都在追求‘威’（粤语“威水”的简称，意指炫耀、傲慢）。但是在什么基础上才可以去威，威的基础是什么，很多人都没有搞清楚。有人觉得有钱有权就威，我认为这个观念是完全错误的。威不是建立在金钱或权力的基础之上，而是建立在道德的基础之上。一个人昂首挺胸地走在路上，如果收获的都是尊敬且乐于亲近（而不是羡慕嫉妒恨）的眼神，这才叫威。

“在这里我想告诉我们所有的顺丰同事，要正确理解威的内涵，关于社会上对它的‘迷信’一定要彻底打破。很多人喜欢在穷人面前炫富，在平民老百姓面前炫耀权力，在我看来这是一种很幼稚的表现，他们错误理解了财富和权力的含义，同时还缺乏一样很重要的东西。

“这几年报章媒体都在讨论，说我们的国人出国被外界歧视，是因为现在中国人有钱了，他们妒忌，心理不平衡。对此我想说的是，这方面的原因不能说没有，但更多的恐怕还是看不惯我们种种愚昧以及缺乏教养或素质的行为。一个人所拥有的财富和他的品格、素养不成正比的话，是一件相当可悲的事。

“我们走出去后，要想别人尊重我们，我们自己必须有道德、有修养，并且学会尊重别人。怎样才算尊重别人呢?首先，你要尊重人家的环境，不随地吐痰，不乱扔垃圾；其次，你要尊重人家的生活习惯，公共场所不大声喧哗，乘车购物时自觉排队；最后，要尊重人家的文化，不同的宗教信仰，不同的制度法规你得了解，避免在日常行为中构成挑衅或冒犯……

“如果这些你都毫不在意，就凭着自己的感觉和习惯在异国他乡‘为所欲为’，被人鄙视也就纯属自找的了。现在顺丰海外网点越开越多，内部员工中出国旅游的人也越来越多，我希望大家千万不要沾染上这种种恶习。

“‘关于尊重’，我还有一个自己的衡量标准，那就是要让为你提供服务的人也因为服务于你而感到开心。去饭店吃饭，上至经理下至服务员，我都会主动跟他们打招呼，服务过我的服务员，也都很享受服务我用餐的工作过程，因为我会很礼貌、很平和地去跟他交流，我要让这个服务员因为服务我而感到很开心，这叫尊重。相反，有些人一进饭店就是一副不可一世的做派，对服务员呼呼喝喝，态度相当恶劣，这样的人是很难收获真正的尊重的。

“而作为服务行业的从业者，你想你服务的客户是什么样的人，首先你自己就得是什么样的人。这叫德，这叫威；而不是开豪车、住豪宅，出手阔绰，每天鱼翅漱口叫威。”

霹雳手段，菩萨心肠

据传，晚清政治家曾国藩经常为战争及屠杀感到忧苦。在他生日时，他的门生胡林翼将军送上一对联——“用霹雳手段，显菩萨心肠”。曾国藩阅后，热泪盈眶。

李嘉诚说：“我经常教育孩子，要有狮子的力量，菩萨的心肠。用狮子的力量去奋斗，用菩萨的心肠善待人。”李嘉诚教育子孙：做人的最高境界是“仁慈的狮子”。仁慈是本性，但是单靠仁慈，还无法成功。要有狮子的力量，才能赚钱养家，才能保护亲人，才能反抗欺压。

在王卫的身上，也能看到霹雳手段和菩萨心肠的结合。

先说霹雳手段，王卫从一个一文不名的穷小子变成身家千亿的顶级富豪，没有霹雳手段不可能走到今天。不管是早期抢夺市场，夹缝中求生存；还是后来大刀阔斧改直营制，动传统利益的蛋糕；推动顺丰上市，大手笔并购DHL业务、夏晖（美国夏晖集团）业务，入股本来生活，拿下唯品会快递业务，都能看出王卫绝对是有霹雳手段的企业家。

王卫在员工的管理上也有霹雳手段。但凡触碰顺丰的纪律“红线”，罚起来也是绝不留情的。顺丰建立起“教、防、管、罚”的闭环管理机制，努力建设“不想腐、不敢腐、不能腐”的廉洁从业文化生态。但是，王卫又是一个有菩萨心肠的人，甚至常常流露出非常感性的一面。

有一年春节前，新疆一位顺丰小哥在风雪中露天吃盒饭的照片，在网上被王卫看到了。他潸然泪下，当即给顺丰新疆网点负责人打电话问明情况，请他们尽快改善一线快递员的生活条件。

王卫说，他看到“孩子们”吃苦，并不自豪。他并不认为顺丰人有这样的拼劲很好，他更认为这是对顺丰的员工照顾不周到！为什么顺丰的员工在外面是这样子呢？

顺丰是一家有爱的企业，一家有爱心的企业，在企业的信仰里排第一位的是要有爱。王卫认为，顺丰跟其他企业最大的不同是，顺丰是一家有信仰的企业。

“很多企业都是为了赚钱，赚钱，赚钱，顺丰肯定也需要赚钱，因为赚钱能解决我们生活上的问题，发展上的问题，但是我认为赚钱只是一个手段，我们还是一个有信仰的企业。在赚钱跟信仰当中，我们可能更选择信仰，不选择赚钱，赚钱是排第二的。”

王卫说，顺丰的信仰是什么？他自己的信仰是什么？为什么顺丰跟其他企业的风格不一样？他认为：顺丰有爱。顺丰真正爱自己的员工，不是出于“忽悠”的爱。他经常跟同事说，不要用“投递员”去称呼顺丰小哥，而是要经常用“孩子”去称呼他们。

王卫说，他对财富没有什么兴趣。顺丰所有的员工，不管他是一线二线三线，或者前端终端后端，刚进来的、做了10年20年的，都不断在成长，不断在进步，不断在创造更美好的生活，这个才是最重要的，这才是最根本的。

“我只是一个财富的支配者，绝对不是一个财富的拥有者，我真正的财富来自我们员工的幸福感。员工真正觉得成就感越来越多，‘孩子’越来越长大，真正认识爱、真、直、平、狠，人生达到另外一个境界。那个时候，我认为才是顺丰、才是我王卫有了真正的成就。

“歌功颂德的东西，我在下面一路听，有的时候不断发抖，觉得不舒服。大家都得到幸福和成就，才是我真正要的东西。同时，请求大家跟我一起去实现上述成就，而不是由我王卫一个人去实现。”

善于反思

曾子曰：“吾日三省吾身……”

英国著名画家瓦茨说：“反躬自省是通向美德和上帝的途径。”

草根出身的王卫有一个鲜明的特点，就是善于反思。在王卫有限的公开演讲中，几乎每一次的主题中都离不开他对自己、对业务、对创新、对员工管理、对未来战略等方方面面的反思。

2015年，王卫在一次内部演讲中，进行了一次非常全面的自省。他说，2014年是顺丰成立20多年来创新变革最多的一年，成立了很多事业部，开创了很多新业务，同时业务总量有了一个爆发式的增长，虽然创新很多，但差不多有一半是不成功的。不成功的原因，主要是前期准备、规划不够充分。

一是人才准备不足。顺丰进入一个全新的领域，必须对该领域需要的人才做好储备，而在这方面顺丰是有所欠缺的。二是承接落地出现偏差。顺丰都是统一用“大网”来承接新业务落地，这样就出现一个两难的尴尬局面——一方面，新业务对于老员工来说，难度太大，需要改变的地方太多；另一方面，花大气力推广新业务，又会影响到传统业务的服务质量。

王卫接着进行更深入的反思，他说之所以没有做好，在于顺丰的同事们“拿经验当宝”，但那很可能是“一种包袱”。

“我觉得我们的很多同事背负的包袱太重了，限制了自己的发展。这个包袱其根源就在于，过去我们是单纯地送快递，大家都习惯了这套思路和做法，不自觉地就把这一做法套用到新的业务领域。我曾经对很多同事说，别把以前的经验当作宝，你所以为的经验很可能是一种包袱。”

王卫反思了顺丰员工身上的自负倾向。他说，一直以来，人们引以为豪的顺丰文化，是一种尊重文化、一种包容文化。但是在一些新的业务领域，很多同事带着顺丰的品牌意识过去，却不自觉地流露出一种自负的心态。这让他感到惊讶，也很疑惑，怎么顺丰培养出来的人会这样？顺丰的很多新业务还都处于摸索阶段，应该很谦虚地去向别人学习，去跟客户探讨，而不是自以为来自大企业就扮专家，这给外界留下不好的印象。

王卫还反思新业务为什么会失败——第一个反思是顺丰的团队为什么会犯这些低级错误；第二个反思是整个集团在日常运作中为什么没能够及时发现这些问题的苗头，从而防患于未然。要知道，哪怕是一些很微小的错误，时间长了也会引发大问题，从而让公司错失市场机会，造成较大损失。

反思的目的不是陷于痛苦，而是改正错误。

王卫给出的办法就是，第一要从客户那里获取真实、准确、及时的声音，了解客户真实的需求和遇到的实际问题，然后去改善服务。如果连客户的诉求都不清楚的话，又如何推出更优质或者是附加值更高的新产品新服务？

第二就是推动顺丰转型，从靠出卖劳动力搬货转变为依靠技术，尝试新的增值服务。

王卫说，有人问他，在公司转型过程中遇到的最大难题是什么？其实在他看来，最大的难题既不是公司30多万人的管理问题，也不是转型过程中的策略方向问题，而是在目前公司利润微薄的情况下，如何才能在降低一线员工劳动强度的同时能够保证其收入甚至提高其收入的问题。快递行业是一个比较辛苦的行业，一线收派员的日常工作尤其辛苦，如果不能从出卖劳动力赚钱的传统模式中解放出来，那么顺丰就不算真正蜕变成功。

第三是拥抱互联网思维。所谓的“互联网思维”具体到快递领域就是：公司应该反应更快，组织更加扁平化，而且能够根据客户需求不断迭代，随时随地改进服务。这对于传统企业来说，是很大的冲击和挑战，主要表现在：以往顺丰提供的都是高度标准化的产品和服务，要想反应很快，围绕客户的个性化需求就应提供更多的定制化服务，就必须改变原有的管理和操作模式。

举个例子，就拿广东最出名的早茶来说——你说它是标准化还是个性化？好像都说得通。你去酒楼，打开“点心纸”，上面有过百款的点心小吃供你选择，你喜欢哪几款，自己打钩下单，三五分钟后点心就会被端上桌，这是一个相当个性化的过程；但是对于后厨的点心制作部门来讲，它又是一个相当标准化的过程，做虾饺的就做虾饺，包烧卖的就包烧卖，什么皮包什么馅，包完蒸多少分钟，缺到何种程度就要开始补充食材，有一套科学标准的流程。

而现在的互联网的概念就是：客户在走进餐厅之前，他提前通过手机点的餐已经到了后厨，客户一来就马上蒸熟端出来给他，这是一个无缝衔接的过程，整个供应链程序高度扁平化，可以最大限度地降低成本、提高效率，并且从价格、服务、个性化需求对接等方面提升客户的感知度。

以上描述的仅是互联网思维的一部分。你千万不能只看自己所处的这一个环节，而要看整个产业链的全过程；千万不要只看某一个产品，而应该看上下游与之相关的多个产品；千万不要只盯住你所服务的企业，更要观察消费者个人。并且在这一过程中，能够提供个性化的产品或服务，让客户去选择。顺丰就是要从单纯的快递物流企业过渡到具有互联网思维的服务型企业。

未来顺丰要扮演什么角色呢？王卫说，是饭店，是饭店的物流供应商、饭店的信息系统，还是一个简单的“咨客”？都是！关键要找到其中的平衡点，再根据这个平衡点去对应某个具体产品所能满足的需求，同时在动态中调整标准产品的数量及变化。

除了调整和变化，在王卫看来，他自己和顺丰有一点是始终不变的，那就是公司对待所有员工的“心”，依然很正、很真、很纯。

顺丰做任何事情，包括内部改组，都会优先考虑员工。当然，这个“员工”是有条件的，前提就是你也真心为公司付出，同时能顺应公司发展积极去迎接变化。这样的员工不用担心自己在公司的变革调整中会被边缘化，相反会获得更多机会。至于那些心术不正、不愿意付出、惯于浑水摸鱼的人，顺丰是坚决打击的。

在变化过程中，顺丰设计任何东西都是双向考虑的，既要照顾到员工的利益，又要考虑到公司的发展，绝不会只顾公司而不管员工。“只要我王卫在顺丰一天，都会持这种心态去推动公司未来的战略规划以及日常管理。”

方法论

企业家的人设，没有简单的对与错，好或不好。有些企业家性格外向，喜欢出头露面，嬉笑怒骂，塑造行业领袖形象，比如马云、王健林、董明珠；有些企业家喜欢低调隐忍，能不出席公共活动就不出席，能不见记者就不见记者，低头做事，埋头赚钱，比如马化腾、王卫；还有一些企业家一开始高调，后来总结教训后，在公共场合出现的次数就越来越少了，变得越来越低调，比如刘强东、潘石屹、陈欧；还有一些企业家一贯低调，但因为某个契机开始高调起来，走向聚光灯下，成为企业的代言人，典型的如华为的任正非。

在王卫塑造个人品牌形象方面，可以总结出以下几个方法论。

一、将低调做到极致，但该发声的时候，要有血性，不鸣则已，一鸣惊人

王卫创业后的18年间，没有接受过任何媒体的采访，现在网上有关王卫的照片仍然屈指可数。行业峰会也很难见到他。2016年，北京一位顺丰小哥被路人扇耳光。随后，王卫专门出席媒体交流会，说看到小哥被打的消息，他很震撼，很震怒。

经过这件事，王卫在公众心目中形成了有血有肉、关爱员工的清晰印象，也赢得了很好的口碑。

二、要传递自己的爱心、同理心及展示富有人性化的一面

王卫说，顺丰跟其他企业最大的不同是，顺丰是一家有信仰的企业。“在赚钱跟信仰当中，我们更可能选择信仰，不选择赚钱，赚钱是排第二的。”

王卫说，为什么顺丰跟其他企业的经营风格不一样？他认为：顺丰有爱。“我们真正爱自己的员工，不是出于‘忽悠’的爱。我经常跟我们同事说，要经常用‘孩子’去称呼员工。”顺丰所有的员工，都不断在成长，不断在进步，不断在创造更好的生活，这个才是最重要的、最根本的事情。

三、谦逊，善于反思，不掩盖自己的错误

王卫是一个善于反思自己的人。这种反思包括对自己、对财富、对业务、对创新、对员工管理、对未来战略等方方面面的反思。人不怕犯错误，怕的是连续犯同样的错误。因此，善于反思对于一个企业家至关重要。

王卫说：“大家都得到幸福和成就，才是我真正要的东西。”

第10章　愿景

一切过往，皆为序曲

——顺丰的愿景与挑战

做“大物流”

近年来，中国快递物流行业发生巨变，同行竞争、跨行业竞争、科技竞争前所未有地激烈。

“通达系”开始发展航空业务，做快运的德邦开始强调快递属性，传统电商开始涉足普通快递业务，同行竞争和跨行业竞争成为新常态。而且大家都是上市公司，都有融资需求和业绩压力，仗自然打得凶猛。

在“龙头竞争”时代，马太效应显著，可以说“谁慢谁死，谁小谁死”。作为快递老大的顺丰自然明白这个道理，这就决定了全速奔跑成为必然的选择。关于顺丰未来的发展方向，王卫已经给出了答案。王卫曾说，顺丰的目标绝不是4000亿元的传统快递配送市场，而是12万亿元大物流市场。这就意味着顺丰的目标是成为综合物流解决方案服务商，这与UPS、联邦快递、DHL等全球巨头的定位是一致的。

2017年2月顺丰上市，之后顺丰向综合物流解决方案提供商的迈进速度明显加快，投入也越来越大手笔。在供应链、重货、冷链、航空、同城急送、国际化、“天网+地网+信息网”方面的建设上，顺丰不遗余力，与多方强强联合，加速推进。

大手笔并购，是顺丰迈向“大物流”所采取的一个鲜明手段。

2018年年初，顺丰斥资17亿元收购了新邦71%的股份，建立了顺心重货业务，与顺丰重货形成双品牌并行的重货业务格局；2017年5月，顺丰还与UPS联手在香港设立合资公司，共同开发和提供国际物流产品。顺丰在并购整合、强强联合这条路上，从来不畏惧，不束手束脚。

王卫在并购这件事情上想得比较清楚。并购和资本合作是比“从0到1”自己去搭建业务线更高效、更有力的手段，成功的并购，往往能事半功倍。

从UPS、联邦快递等顺丰一直对标的国际巨头来看，它们当年的崛起都经历了大手笔并购的过程。并购是实现业务多元化和国际化的主要手段，顺丰要更快崛起势必也要走这条路。

DHL的崛起也是并购整合的结果。2002年、2003年、2005年，DHL的母公司通过一系列的兼并收购，打造了世界上最完善的航空货运快递网络，通达全球200多个国家和地区的12万个目的地。

走上快速扩张之路的顺丰，就像一个“大胃王”，不断刷新人们的想象。

2018年10月26日晚，顺丰发布公告，顺丰与国际物流三巨头之一的DHL达成战略合作协议，顺丰拟用55亿元资金整合DHL在中国内地、香港及澳门的供应链管理业务、管理团队和相关技术。

DHL是全球快递、洲际运输和航空货运的领导者，也是全球第一的海运和合同物流提供商，DHL为客户提供从文件到供应链管理的全系列的物流解决方案。顺丰突然打出一手55亿元资金的“王炸”，着实令人咋舌。

不过，顺丰选择与DHL合作，显然也是深思熟虑的结果。DHL是最早进入中国的国际物流巨头，在供应链管理业务方面积累了大批优质的长期客户、品牌效应、业务经验。特别是在高端细分市场中，DHL的供应链管理业务占有率高，并且提供各种市场领先的高附加值服务，例如保税区物流、无尘物流、“产前”物流等。

DHL的供应链管理业务，尤其在汽车制造及后市场服务、半导体（高科技）制造、医药等高壁垒、高附加值服务市场有着丰富的业务经验及深厚的行业知识，在仓储管理、运输车队管理、清报关能力等方面，在大中华区也有着强大的竞争力。

而这些正是顺丰所需要的。通过并购可以让顺丰迅速在这个领域占据高位，节省时间，提升顺丰供应链物流业务能力，帮助顺丰更好地把握中国供应链物流市场的行业机遇。

2019年2月，美国物流服务平台 Flexport宣布，在新一轮融资中获得了10亿美元资金。此轮融资由软银愿景基金领投，其现有投资者Founders Fund、DST Global、Cherubic Ventures、Susa Ventures和顺丰速运参投。此前，Flexport还曾获得过谷歌投资。而顺丰则已经是在一年之内连续两轮参与投资。

Flexport创立于2013年，是一家国际航运经纪公司，由硅谷技术开发商创建，公司总部位于旧金山，为零售商和制造商安排海运和空运，致力于为客户提供海陆空货运、报关及货物保险等透明化服务。

Flexport做的事情，简单说，可以理解为货代领域的携程和Uber。它会将国际货运、代运的环节全部打通串联在一起，实现了全程电子化、可视化。

顺丰通过投资Flexport，有望快速补齐海外市场短板。要知道，在格局稳健的发达市场中，传统企业的自建仓配网络是个漫长过程，对新进入者的货源抓取仍是一大挑战。通过对Flexport的投资，可以加强顺丰的供应链管理能力，提高科技应用水平。而且，顺丰通过投资Flexport这类平台企业，也可以借助互联网平台切入美国市场甚至更大的国际市场。

2018年8月，顺丰控股与夏晖在深圳联合召开发布会，正式宣布在中国成立合资公司新夏晖。顺丰一举拿下夏晖在中国内地、香港和澳门的供应链及物流业务。夏晖是供应链管理的标准制定者和全球领导者，也是麦当劳的全球物流供应商之一。

2019年，顺丰又做了3件事：一是通过王卫持有的明德控股投资了生鲜电商本来生活，完成了对生鲜赛道的深度加码；二是在深圳举办了顺丰同城急送品牌发布会，正式宣告顺丰同城急送品牌独立，全面布局即时物流市场；三是电商平台唯品会宣布与顺丰达成业务合作，唯品会将委托顺丰提供配送服务，并终止旗下自营快递品牌品骏快递的业务。

通过这些动作，可以很清楚地看出，顺丰未来的布局就是“大物流”“全球化”“物流基础设施提供者”，除此之外可能还要加上“生态提供者”“标准提供者”，这些共同构成了未来顺丰的营收想象空间和市值想象空间。

做“基石型伙伴”

从管理学上看，企业大体可以分两类，一类是“点状型企业”，另一类是“基石型企业”。

“点状型企业”往往在某一个具体的点上服务客户或用户，“基石型企业”当然也服务客户或用户，但它的服务带有基础设施的色彩。比如，水、电、气、石油、大型互联网公司、云服务，以及物流基础设施企业等。

2020年新冠肺炎疫情期间，电商平台唯品会承诺仓库严格防疫，包裹严格消毒，全力速达，全程无接触，背后是顺丰在提供物流支持；

华大基因旗下两家公司承担着国家安排的新型冠状病毒检测产品生产的任务，检测试剂盒必须在-25~-15℃的环境下冷冻保存，背后是顺丰在提供全程物流运输保障；

太极集团应对疫情协调多方力量，快速复工，生产抗疫相关药物，顺丰帮助太极集团把药品快速、安全地送到疫区客户手里和药店，保障了抗疫药品的市场供应。

对唯品会、华大基因、太极集团这些大客户来说，顺丰就是它们的“基石型伙伴”——关键时刻“扛得住，顶得上，信得过，服务好”，真正能够为大客户保驾护航。

顺丰作为民营快递物流企业的老大，在疫情期间，针对大客户，制定了一系列强有力的、完备的服务体系和保障措施。

在组织方面，勤练内功，完善服务保障体系，提出商务、行业解决方案，建立大客户运营保障专家团队，明确组织的责权利，在组织配套、跨区协同、资源保障等方面提供差异化服务。

在服务保障方面，售前，由行业解决方案团队针对大客户个性化需求提供定制化解决方案；售中，用以客户视角搭建的大客户保障体系和机制，研发大客户业务看板和营运质量监控系统，并在快件的收、转、运、派、售后全生命周期出现异常时，及时预警、干预，保障服务质量；售后，定期回顾、总结、沉淀大客户保障服务经验。

在政策方面也有倾斜，在疫情期间，在优先保障疫情物资及服务情况下，顺丰会优先安排大客户的业务。在日常、重大节日活动、“双十一”高峰期间，都会优先保障大客户的利益。

正是在这样详细、完备地覆盖了售前、售中、售后全生命周期，又明确对大客户倾斜的服务体系之下，确保了在疫情期间顺丰强有力地为大客户提供服务保障。

2019年唯品会放弃自有物流，选择牵手顺丰战略合作，曾在业界引起巨大关注。2020年新冠肺炎疫情期间，面对前所未有的物流压力，唯品会立刻感受到了背靠顺丰的好处。唯品会直接向用户做出了“顺丰承运，全力速达，急你所急”的保障承诺，由顺丰负责物流收发，严格按照邮政和交管部门的要求落实每日的消毒清洁，保障场地和人员的卫生防护任务，保障包裹的全程安全。

同时，为确保广大客户的寄递安全，减少人员接触机会，部分区域将提供以自寄自取为主的收派件服务，快递员将提前与收件人电话联系，采取预约放入丰巢柜，或网点自取自寄等形式。

还有，当面对华大基因的药品运输、大型精密医疗器械设备运输、血液样本运输、实验室筹建等业务时，顺丰都是一个强大、有力、忠诚的伙伴，为华大基因全面提供物流保障。数据显示，截至2020年2月12日，顺丰已成功发运华大基因生产的6900余盒（约34.5万人份）新型冠状病毒检测试剂，并交付相关的省级/市级疾控中心及其他医疗机构。

顺丰还通过航空和陆运两套解决方案，以最快速度将华大基因注册及生产的基因测序仪及附属配件安全准时地交付相关省级/市级疾控中心、医疗单位、检测机构和大专院校。截至2020年2月12日，顺丰已向上述单位成功发运50多台次，覆盖湖北、江西、广东等10余个重要省市。

顺丰在大客户服务方面，提供了针对行业特性和企业特点的差异化服务。

比如唯品会属于电商平台，华大基因属于生物医疗行业，太极集团属于医药企业，比亚迪是汽车制造业，赢家时尚集团属于高端服装品牌。

针对比亚迪的需求，顺丰提供了汽配行业解决方案，与比亚迪共同发展。比如在商务件方面，顺丰为比亚迪提供文件寄递、样品配送、紧急物料调拨等对时效性要求高的快递业务；备件物流运输服务方面，顺丰承接了比亚迪国内几个仓库的备件运输业务，包括库间调拨、直发辐射区域内4S店的业务；仓储托管业务方面，顺丰承接了比亚迪厂内的线边仓（为方便生产的通用性物料存放点）托管业务，包括物料收取、库内管理、配送上线、成品下线等环节的托管。

顺丰服务华大基因这个大客户的方案也很有代表性，真正体现了定制化服务、差异化服务、精细化服务。比如，针对新型冠状病毒检测产品的物流运输，顺丰专门制定了“新型冠状病毒qPCR试剂盒”IVD冷链B2B个性化解决方案，确保试剂盒在匹配的冷冻环境下快速安全地运输；针对大型精密医疗器械设备运输，顺丰制定了B2B个性化解决方案，涵盖航空和陆运两套方案。

应该说，顺丰能够成为这么多大客户的坚实伙伴，与顺丰强大的业务能力密不可分。成立近30年的顺丰已经不只是一家快递企业，更是一个综合物流服务提供商。今天的顺丰在服务大客户方面，是一个“全能型选手”。

从时效性快递产品，到冷链、快运、重货、同城即时配送、国际物流等方方面面，顺丰都展示了强大的能力。

对于大客户来说，很难在国内找到像顺丰这样能力如此全面、服务如此全方位的第二家物流企业，而且顺丰的速度、口碑、品质、安全，在业内都首屈一指。

从物流企业变成数据企业

物流行业的未来是万物互联。

近年来，5G、人工智能、大数据、移动互联网的应用越来越广泛。万物互联是大家公认的物联网时代到来的标志，基于行业属性，物流行业或许会更早一步进入全面互联的“物联时代”。

顺丰科技在技术底层、产品应用、解决方案3个层面均有相当优秀的成果储备，目前已在快递运营、仓储、冷运、医药、金融、快消等多个物流供应链细分领域进行了全场景的广泛应用。

在第五届中国国际大数据产业博览会上，顺丰科技展示了基于主流开源框架，自主研发深度定制，为企业提供数据采集、治理、存储、计算、分析挖掘、可视化自助分析等一站式大数据解决方案，帮助企业打通业务底层数据，消除数据孤岛问题，增强企业数据管理能力，助力企业数字化转型。

采用顺丰科技的解决方案，在生产、流通环节进行无缝升级成为传统企业的最优选择。顺丰科技所提供的一站式大数据解决方案，面向的不再是简单的快递发包的市场，而是中国十万亿级的物流大市场。

顺丰“数据灯塔”被授予邮政行业科学技术奖一等奖。顺丰数据灯塔融合了顺丰内部自有的20余年物流领域持续积累的海量大数据（30多万收派员、5亿多个人用户、150多万企业客户、300多万楼盘/社区信息、10多亿电商数据以及10多亿社交网络等海量数据、覆盖全国3000个城市和地区）和外部公开平台数据，基于此大数据进行多维度、深层次、高精度的专业分析，为商户提供分行业、分场景的一站式咨询、分析、营销和运营服务的专业解决方案，目前已经覆盖生鲜、食品、“3C”、服装等多个行业。

顺丰推出“数据灯塔”服务，并不让人觉得意外。首先，依托于顺丰多年的物流业务，顺丰科技积攒了海量的物流数据信息；其次，顺丰早早地成立了顺丰科技，对企业运营中海量的数据信息进行了整理分析。

最重要的是，顺丰科技拥有一支能力不俗的研发团队。大数据领域实力的比拼不是比数据量够不够大，而是比能否将复杂的数据信息进行精细化分析，并能将分析后的数据加以运用的能力。

而这些都需要顺丰科技的团队掌握一流的算法，并在自然语言处理、物流路径规划、智能推荐引擎等领域有着核心算法技术优势。同时，团队还需要对各品类电商行业有充分了解，才能完整地为各行业提供真正有效的解决方案。

顺丰地图也是顺丰新业务的一个亮点。区别于大家所熟知的百度地图、高德地图这些道路导航类的消费端地图，顺丰地图以空间信息技术为基础，融合大数据和人工智能技术，为物流各环节提供智能空间位置决策服务，有效提升物流效率和精准性，打造降本提效的新亮点。

顺丰地图基于物流企业服务诞生，与消费端地图截然不同。顺丰要求地图的空间精度更高，点与点之间的关联更“细致”。如何更加高效利用“最后一公里”的空间信息，顺丰有着天然的需求；如何利用这些“细致化”的信息，同样是不少行业客户的需求。

例如，生鲜零售行业可以基于顺丰地图，制订更优化的库存、配送计划。相比没有翔实数据的过去，借助顺丰地图的信息，生鲜零售企业能有效地减少库存积压损失，同时在配送路径的选择方面更加高效。

基于多年的经营，顺丰积累了海量的高精地址数据，能够综合应用特定场景，满足泛物流、零售快消、公安、金融保险等行业客户的空间位置服务需求。

传统企业在生产环节中，供应链体系的优化一直是其追求的目标，而由顺丰这样拥有全物流环节数据的企业来协助完成上述目标，能极大地消除企业从生产到销售各环节信息的盲区，帮助企业串联起一个个数据孤岛。

同时，在“一带一路”倡议下，中国企业走出去的意愿更加强烈，传统企业对国际货运代理环节的处理往往耗时费力。顺丰依托大数据优化国内的物流环节以及在国际上的合作布局，能帮助传统企业从生产源头到销售终端走得“更轻便”。

未来的十大挑战

展望未来，顺丰虽然是中国民营快递企业中最有实力、最具潜力的选手，但仍然面临着不少挑战。

第一，快递行业的竞争已经进入“寡头时代”，随着“通达系”各个快递公司的上市，长尾部快递公司被淘汰出局，剩下的几家都是大块头。竞争越来越激烈，业务趋同性越来越高。你买自有货机，我也买自有货机，你速度快，我也把速度加快。面对这样的竞争态势，顺丰还能否保持快人一步的优势，是一大挑战。

第二，成本的挑战。快递行业调价是一个很敏感的话题，每次价格的波动都会引起社会热议。但随着中国人口红利逐渐消失，人力成本越来越高，数十万快递小哥的人力成本也会越来越高。顺丰一直以直营模式为主，人力成本、固定资本投入巨大。顺丰的价格一直高于同行，调高价格并不是一件容易的事情。对顺丰来说，如何协调成本和价格之间的关系是一大挑战。

第三，在电商件物流业务的竞争上，顺丰并不占优势，尤其是“菜鸟系”占据了电商件物流业务的半壁江山，顺丰一直不是电商件物流业务的主力。未来随着电商包裹件越来越多，顺丰如何不会被边缘化，并且能够参与其中，分得电商红利？目前，顺丰已经承接唯品会的所有电商件物流业务，还与本来生活建立联姻关系。未来，面对“菜鸟系”的咄咄逼人，京东自营物流的崛起，顺丰在电商领域的表现值得长期关注。

第四，顺丰在自建电商、进军线上线下零售方面，交了不少学费，砸了不少钱，但并没有达到预期效果。这一块业务已经成为顺丰的烫手山芋，也受到了不少质疑。未来，顺丰是放弃这一块业务，还是继续重金投入？是坚持自己做，还是与第三方联手？未来的顺丰会不会彻底放弃往产业链的上游走，专心致志地做好物流基础设施这一件事？

第五，目前，顺丰的主要营收还是来自传统的快递业务，多元化的新业务仍然处于重金投入阶段。顺丰能否顺利完成“在飞行中换发动机，实现多引擎驱动”，也是一大挑战。尤其是新业务板块当中的供应链等业务是需要长期投入的，短期内并不容易实现盈利。而顺丰作为上市公司，需要向股东报告盈利的情况，这无疑是一种压力。顺丰能否平衡好短期和长期的利益关系，顺利实现营收多元化，是一个值得关注的“命题”。

第六，科技创新的挑战。顺丰创始人王卫在接受南方媒体采访时说，顺丰未来的竞争对手不一定来自快递行业，而可能是科技公司，比如谷歌等。未来的物流行业，一定是科技驱动的、科技武装的、以科技为核心生产力的行业。尤其是随着人力成本越来越高，物流行业的大部分工作都将由机器人来完成。物流企业未来的竞争必定是科技能力的竞争。只有科技创新能力强的企业，才拥有持久的竞争力。

第七，信息安全的挑战。在日常生活中，几乎每天都有个人信息泄露的案例出现。咨询公司威瑞森的调查数据显示，全球每天平均有超过 700 万条的数据被泄漏，每秒约有81条。自2018年以来，在全球有记录的5万多次安全事件中，已经确认的数据泄漏事件超过2000次。威瑞森发布的《2021年数据泄露调查报告》显示，2020年85%的数据泄露涉及人的因素、61%的数据泄露涉及登录凭证，Web应用攻击导致了39%的数据泄露事件。此外，网络钓鱼攻击同比增长11%，软件勒索同比增长6%。软件勒索出现在10%的数据泄露事件中，数量比2020年增加了一倍。顺丰有大量收寄双方的信息数据，这些信息数据直接关乎用户的个人隐私和信息安全，顺丰必须确保万无一失，杜绝信息安全事故。

第八，管理能力和人才储备的挑战。顺丰要向全球物流巨头看齐，就必须储备具有全球竞争力的人才。尤其是随着顺丰由快递企业向综合物流服务提供商升级，对自身的管理能力和团队人才储备都提出了更高的要求。顺丰必须与时俱进，不断创新，实现认知迭代，并且要挖掘全球专业人才充实团队，才能在未来的竞争中立于不败之地。

第九，法律与政策层面的挑战。中国的民营快递行业从诞生之初就是在夹缝中求生存。后来随着相关政策法规的调整，民营快递企业逐渐获得了“合法身份”。当前，国家出台了不少法律和政策，支持与鼓励民营物流企业的发展，但这并不意味着企业在经营管理过程中不存在政策和法律风险。比如贵重物品的丢失和毁损问题，危险品爆炸的事故，快递员工交通事故、过劳死问题，以及在出海过程中遇到的所在地各种各样的法律政策、宗教信仰等风险。

第十，出海的挑战。顺丰的未来，必然是一家全球化企业。顺丰已经在新加坡、韩国、马来西亚、美国等十余个国家建立了营业网点，国际航线也至少开通了14条。目前，顺丰在全球的业务已经涉及200多个国家。在全球化的过程中，顺丰将会面临各种各样的问题。学者李卅立有个观点，国际化是“从1到M”，“M”代表多元的文化、多角度的思维和多边讨论机制等。只有具备“M”特点的企业才能在海外市场生根。顺丰要真正成长为一家全球化企业，任重道远。

方法论

顺丰已经是一个营收过千亿元的商业帝国，也是中国最大的民营快递物流综合企业。要执掌这样一个千亿商业帝国未来的航向，必然不是一件容易的事情。

对王卫和管理团队来说，未来顺丰能否持续成长，直至成为全球性的物流巨头，眼下还不能下定论。但顺丰在发展的过程当中，有一些方法论可以分享。

一、不断地进行认知迭代升级

王卫对顺丰未来的发展战略目标是有清晰认识的。王卫说，顺丰的目标绝不是4000亿元的传统快递配送市场，而是12万亿元的大物流市场。这就意味着顺丰的目标是综合物流解决方案服务商，这与UPS、联邦快递、DHL等全球巨头的定位是一致的。

王卫认为，顺丰未来的竞争对手未必是同行，而可能是像谷歌这样的科技企业。这表明了王卫对科技的重视和对跨行业竞争的未雨绸缪。同时，王卫在几年前还专门强调互联网思维，要用创新的思维来重新定义快递物流服务。未来要赚科技的钱、聪明的钱，而不是流血、流汗的钱。

二、不断地进行业务迭代升级

2017年2月顺丰上市，之后顺丰向综合物流解决方案提供商的迈进速度明显加快，投入也越来越大手笔。在供应链、重货、冷链、航空、同城急送、国际化、“天网+地网+信息网”方面的建设上，顺丰正不遗余力，加速推进。

经过不断拓展，新业务营收在总营收中所占的比例逐年提升，顺丰逐渐呈现出多元化营收来源的业务格局。尤其是供应链、速运、冷链等业务，营收每年翻倍增长，成长迅猛。顺丰未来的目标是“大物流”“全球化”“物流基础设施提供者”，以及“生态提供者”“标准提供者”。

三、不惧怕与强者合作，强强联合，弯道超车

顺丰发展新业务时喜欢使用的手段是直接并购，迅速补齐短板，占据领先优势。

比如，2017年5月，顺丰与UPS联手在中国香港设立合资公司，共同开发和提供国际物流产品。2018年，顺丰整合DHL在中国内地、香港及澳门的供应链管理业务、管理团队和相关技术；顺丰拿下夏晖在中国内地、香港和澳门的供应链及物流业务。2019年，顺丰投资美国物流服务平台Flexport，迅速补齐海外市场短板。

四、不断迎接未来的挑战

没有一家企业不会遇到挑战，也没有一个真正的企业家惧怕挑战。顺丰的未来面临着来自方方面面的挑战，包括行业竞争、成本、新业务巨大的投入、信息安全、人才储备和出海等。对王卫和顺丰来说，面对挑战，唯有不断创新，勇于奋斗，才能不断乘风破浪，取得更大的成绩。